男孩心理成长枕边书 第2版

桂宾 编著

中国纺织出版社有限公司

内容提要

青少年时期是人生成长关键的时期，在这个阶段每个男孩都富有理想，渴望成才，所以把控好时机对于男孩各方面素质的养成尤为重要。

本书立足于男孩发展的实际情况，从男孩的成长、梦想、责任、胸怀、抗挫、交往等多个方面，讲述了男孩成长过程中遇到的各种困惑，对于解决男孩心理健康、情感困惑等方面的问题有着不可小觑的作用。本书涉及面广，实用性强，相信一定会帮助男孩更为独立自主、健康快乐地成长。

图书在版编目（CIP）数据

男孩心理成长枕边书／桂宾编著. --2版. --北京：中国纺织出版社有限公司，2021.3 （2022.7重印）
ISBN 978-7-5180-7375-7

Ⅰ. ①男… Ⅱ. ①桂… Ⅲ. ①男性—青春期—心理健康—健康教育 Ⅳ. ①G479

中国版本图书馆CIP数据核字（2020）第075059号

责任编辑：闫　星　　责任校对：高　涵　　责任印制：储志伟

中国纺织出版社有限公司出版发行
地址：北京市朝阳区百子湾东里A407号楼　邮政编码：100124
销售电话：010—67004422　传真：010—87155801
http://www.c-textilep.com
中国纺织出版社天猫旗舰店
官方微博http://weibo.com/2119887771
三河市延风印装有限公司印刷　各地新华书店经销
2016年8月第1版　2021年3月第2版　2022年7月第3次印刷
开本：880×1230　1/32　印张：6
字数：96千字　定价：39.80元

凡购本书，如有缺页、倒页、脱页，由本社图书营销中心调换

前 言

什么是长大？是你的身高越来越高，还是你的年龄在不断地增长？这些都不是，因为它们都不能代表一个人心智的成熟。男孩们，一个真正的男子汉并不单单是指外在的变化，更重要的是指一个人的心理是否成熟，这主要涉及一个男孩的修养、品行、谈吐、处事能力、心理状态等各个方面。或许现在的你还与同伴沉浸在游戏的欢乐里无法自拔，或许你还在动漫的世界里享受儿童的乐趣，但是你知道吗？在你仍然酣睡的时候，许许多多跟你同龄的男孩子已经醒来了，他们渐渐变得卓尔不群、与众不同！男孩们，想要成为一个有出息的人，你准备好了吗？

青春是一段很奇妙的岁月，它改变着你的外表，加速着你的成长，也许你已经注意到你的外貌、体型、声音等都在悄悄地发生着变化……其实你的心理也在不断成长，你渴望长大，渴望独立，渴望展现出自己更为帅气的一面。这就是青春，不仅给你带来生理上的变化，还会给你带来心理上的成长。在这个阶段，男孩一定要懂得利用各方面的条件来增强自身的能力，提高心理素质，为以后的人生打下坚实的基础。

相信每一个男孩都是不甘于平凡的人，个个有着远大理想。你意气风发、斗志昂扬，对未来充满了幻想，以为只要长大,一切便都可以唾手可得。可是,现实生活并非象牙塔,理想并不是随随便便就能实现的,一切都需要你脚踏实地地去努力和付出。如果你想做一个有出息的男孩,想要与众不同,想要拼出自己的一片蓝天,那就必须让自己成为一棵伟岸的树,傲立于大地,问鼎苍天!因为,一棵小草的命运,只能是淹没于荒原之中,无人赏识,无人问津。

青少年时期是人生成长最关键的时期,这个阶段对于男孩各项素质的养成尤为重要。可是此时的男孩无论是心理还是生理都不够成熟,面临的问题也是非常多。你们如此渴望着长大,却又如此害怕长大,因为你们知道自己羽翼未丰,害怕无法迎接未来的种种挑战。男孩们就这样在迷茫中成长着,同时,你们也在探索着、寻求着。男孩在前进的路上需要一位引路人为他们指引前进的方向,点破生活的疑惑,将他们带上正确的征程。这本书就是男孩前进路上的指航灯。

男孩们,假如我们无法改变外界,我们可以试着去改变自己;假如我们无法改变事实,我们可以试着去改变对待事情的态度。如果一个男孩拥有勇气、自信、坚强、快乐、豁达、宽容,那些对于别人来说的难题,就会变得简单并且容易克服。所以,当我们没有他人出色时,我们不会去记恨他人,我们会用自己的努力去证明自己;与人相处,不会待人狭隘,锱铢必较,我们更多的是懂得宽容与谦让;自己吃了亏,不后悔,更不抱怨,不断总结经验,争取下次遇到类似情况时,取得新的突破……这些优秀的品质对于男孩来说是一笔财富,这也是本书带给男孩的一份礼物。

男孩们,或许你还对前方充满着疑惑,或许你还觉得年纪尚小,但是你应该明白,你要做的是成长为一个有出息的男孩,一个顶天立地的男子汉!当你迷惘之时,当你闲暇之时,当你懈怠之时,当你沉迷于娱乐之时,请翻开这本书,从中寻求最真诚的答案。男孩们,也许你还在徘徊着,或者观望着,或者想着自己的理想,蠢蠢欲动。哪个男儿不立志?哪个男儿不英勇?男孩们,放下心中的疑惑,放下你的懒惰,出发吧!从此刻开始,开始你的寻梦之旅,开始你充满无限可能的人生吧!拥抱梦想,实践着每一个好的品行,给自己一个坚定的信念,相信未来,有一个更好的自己在等待。相信,终有一日,你会褪去稚嫩,步履沉稳,成为一个能够独当一面的堂堂男子汉。

希望本书能带给读者不一样的惊喜,成为男孩成长道路上的良师益友。希望在此熏陶下,男孩的心智更为成熟,品格更加优秀。希望男孩在面对困难时泰然自若,面对毁誉时不卑不亢,面对生活时积极进取,面对自己时坦然快乐,成为一个性格坚强、勇敢果断、自信顽强、不怕困难、宽容大度的男子汉。

编著者

2020年6月

目 录

第1章 成长烦恼——是时候准备走上人生的征程了 ◎001

  不做"小皇帝",男孩要独立 ◎003
  你要明白,你是在为自己而学 ◎006
  少壮不努力,老大徒伤悲 ◎009
  时间一去不复返,青春亦如此 ◎012
  终有一天你要离家,振翅高飞 ◎015
  感恩父母,用行动去付出 ◎018

第2章 我心有梦——人生的成就是从选定方向开始的 ◎021

  脚踏实地,方能筑梦远方 ◎023
  不要总急于求成,一步登天 ◎025
  放宽眼界,不要做井底之蛙 ◎029
  你和谁在一起,真的很重要 ◎032
  对泼你冷水的人说"无所谓" ◎035
  社会不像自家,对你处处优待 ◎039

第3章 我的青春——青春懵懂,正视并不完美的自己 ◎043

  青春期,身体变化多多 ◎045

纯真的童声去哪了 ◎048

毛茸茸的小胡子，莫苦恼 ◎051

为什么脖子上有个小凸起 ◎054

别让友谊蒙上"早恋"的面纱 ◎057

是否受表白或被表白的心理困惑 ◎060

第4章　谁不叛逆——调整心态，不要总和师长对着干 ◎063

学会与父母积极沟通 ◎065

顶撞老师就是勇敢吗 ◎068

老师，您是跟我过不去吗 ◎071

静一静，克制自己的冲动 ◎073

早早把叛逆心理甩掉吧 ◎076

第5章　拿出勇气——做一个心向阳光、所向披靡的勇士 ◎081

敢于说不，也是一门艺术 ◎083

有时困难只是一只纸老虎 ◎086

敢于承担责任才是真正的男子汉 ◎089

大胆一点，敢于尝试新事物 ◎091

我是勇士，不是胆小鬼 ◎094

第6章　我最出色——你不完美，也没有必要变得完美 ◎097

自信，是成功的基石 ◎099

你是否是一个行动派 ◎101

缺陷不是你放弃的理由 ◎105

男孩要尽快走出自卑 ◎108

第7章　能力考验——有时候，男孩必须对自己狠一点 ◎113

经得起考验，才能更好地成长 ◎115

你凭什么只懂享受，不付出 ◎118

不懒惰，早起的鸟儿有虫吃 ◎120

睡懒觉，让你"越睡越懒" ◎123

你懂得父母的辛苦吗 ◎126

第8章　自己做主——你应该有主见，但不要固执己见 ◎129

克服依赖，学会自己做主 ◎131

走自己的路，让别人说去吧 ◎134

做最好的自己，你就是最棒的 ◎136

男孩要学会做出自己的选择 ◎140

有主见，不是要固执己见 ◎143

第9章　不必较真——不拘泥于狭隘，用笑容征服人心 ◎147

　　心怀宽广，彰显男儿风度 ◎149

　　不做"小心眼"的男孩 ◎152

　　原谅，是内心的一次释放 ◎155

　　嫉妒，是人的一大天敌 ◎157

　　给他人一个改过的机会 ◎161

第10章　独立思考——发散思维，方法总是比问题要多 ◎165

　　不要让思维定势禁锢 ◎167

　　大脑拐个弯，定会豁然开朗 ◎170

　　问题其实不难，只是你不懂思考 ◎173

　　事情太多？那就先做最重要的 ◎176

　　创新，思维的最高境界 ◎179

参考文献 ◎182

第1章
成长烦恼——是时候准备走上人生的征程了

长大是一个必须要面对的人生问题，这或许对于一直做着"皇帝"梦的小男孩来说有点困难。但是男孩们应该听过一句话："少壮不努力，老大徒伤悲。"如果不从小立志努力，长大后就会很平庸。父母只是我们一时的避风港，而不是一生的保护伞，他们已经为我们付出了全部，我们是时候摆脱对他们的依赖走上人生的旅程了。

不做"小皇帝",男孩要独立

有这样一个故事,值得现在部分的父母和孩子反思:

有一个狐狸妈妈,生了一窝小狐狸,这群小狐狸非常可爱,慢慢的它们到了需要自己捕食的年龄,这时候狐狸妈妈为了锻炼它们的独立生存能力,只能狠下心把它们全部赶出家门。可是小狐狸们舍不得妈妈,不想离开,狐狸妈妈又咬又赶,毫不留情。小狐狸中有一只是瞎眼的,但是狐狸妈妈并没有给它特殊的照顾,照样把它赶得远远的。因为狐狸妈妈知道,没有谁能养孩子一辈子,小狐狸们从这一天起便长大了,那只瞎眼的小狐狸也终于学会了靠嗅觉来觅食。

过分依赖,过度溺爱,这是一种很普遍的现象,尤其是今天,很多孩子都是家里的独生子女,个个被宠成了"小皇帝""小公主",过着"衣来伸手""饭来张口"的生活。男孩们,你们都应该听过这样一句古语:"自古雄才多磨难,从来纨绔少伟男。"如果你从小娇生惯养、吃不了苦,长大后你会失去生活自理能力,变得娇气懒惰、霸道任性。男孩们,想一下,你难道希望长大之后还腻在父母身边?父母能陪你、照顾你一辈子吗?赶快从小皇帝的梦中醒来吧!

生活中这样的案例又有多少呢？

洋洋是一个从小备受娇惯的孩子。已经上四年级了，什么都不会做，一直以来都是妈妈包办。比如说早晚洗漱，都需要妈妈给他做好各项准备工作，帮他接水、挤牙膏，早上起床还要给他整理床铺，上学需要带哪些东西等更不用说，一切都是妈妈的事情，都需要妈妈替他安排好，因此洋洋的生活自理能力非常差。

周一开学，妈妈送洋洋去上学，当时走得比较仓促，妈妈忘记了告诉洋洋中午在学校吃什么，没想到的是妈妈下午去接洋洋放学的时候，看到洋洋走路一点力气都没有，妈妈赶快迎上去问他怎么回事。洋洋声音很低地责怪妈妈说："你送我上学时没告诉我中午应该吃什么，我就没吃午餐，现在饿得四肢无力。"洋洋的妈妈听完儿子的话，既心疼又难受，同时又恨自己。妈妈非常的悔恨，没想到自己的宠爱竟然害了洋洋，离开了自己的嘱托，孩子连一顿饭都无法自己解决。

其实，男孩应该明白，在小的时候，妈妈可以陪伴在身边，有什么事情妈妈可以替男孩解决。但男孩的一生还有很长的路要走，妈妈不可能一直陪着走下去。

如果男孩从小各方面的能力没有得到很好的锻炼，依赖妈妈的行为已经成为习惯，一旦妈妈离开，男孩生活的各方面就会陷入瘫痪。

男孩，你要记住，你不可能一辈子依赖父母，如果你不主动地去把控自己人生的主动权，一味地去依靠父母，指望他人，那么就算是你再富有，也会有坐吃山空的那一天。同样，如果你在学习上放弃了主动权，不自强，不进取，一味地依赖他人，那么即使一时得到了他人的帮助，将来遇到事情又该怎么办？

约翰从小就有着很好的独立意识，他很早就脱离了父母的怀抱，敢于自己一个人去做一些同龄的小朋友不敢做的事情。因为他对欧洲的文化有着极大的兴趣，所以他选择了一个人去旅行，感受不同地方的风土人情和地方特色。刚刚11岁时，他就开始着手制定自己的旅行路线，并精心地安排好日程计划。他阅读了大量的书籍，并设计好了旅行计划。他每个周末都去餐馆帮忙或者到超市里发广告单；假期时，他还会到别人家里陪小孩玩。当他14岁的时候，已经去过法国、瑞士、奥地利等国，还去过意大利的一些地方，之后他还打算去希腊，即便是没有家人陪伴，他也相信自己能处理好各项事情。约翰很聪明，每到一处新的地方，约翰就会先查警察局的电话号码，这样一来，如果遇到危险和困难，他就能打电话求助。他还会经常给家里打电话或寄明信片，告诉家人自己的行程。

醒一醒吧，"小皇帝们"，摆脱你的依赖心理，让自己不断成长，成为一个自强不息的男子汉吧！

1. 自己的事自己做

从某种角度讲，依赖反映了一个人的惰性，想克服惰性，我们就要学会努力把自己的事情都做好，不要推给别人。比如，独立地解一道数学题，独立准备一段演讲词，独立地与别人打交道,等等。

2.早发现,早克服

发现了问题就要及时地解决问题,否则会越来越严重。男孩们,看看自己是不是有很多的依赖心理,如果是,那么请你及时改正,因为独立是你生存于这个社会必须要学会的一项能力。

心里悄悄话

男儿当自强,方能筑梦远方。就像案例中的约翰一样,小小年纪却做了许多我们意想不到的事情。对于每个男孩子来说,无论是成长还是成熟,都需要自立自强。我们不可能做一直依偎在父母身边的小鸟,也不可能一直沉浸于"小皇帝"的美梦中,总要自己去面对前方的风雨,所以说,加油吧,少年!

你要明白,你是在为自己而学

每天的学习真是太辛苦了,小志感到学习压力一天大似一天。更让他郁闷的是,他感到迷茫,不知道自己现在这么拼命地学习到底是为了什么。

小志将自己的苦恼说给航航,航航若有所思地说:"为了上大学呗。""可是上大学又是为了什么呢?"小志继续追问。"当然是为了不辜负爸爸妈妈和老师的期望啦!"航航脱

第 1 章　成长烦恼——是时候准备走上人生的征程了

口而出。"可是，我们读书就是为了爸爸妈妈和老师吗？"小志显然对航航的答案很不满意。"哎呀，小志你怎么了，你管是为什么呢，你只要好好学习就对了。"说完，航航和小志走出了教室。但是这个问题并没有在小志的脑海中消失——读书到底是为什么呢？

其实，对于我们学习这件事来说，更受益的还是自己。学来的知识和技能都是为了自己的前途打基础。可是，事实上，很少有学生会觉得是为自己而学，即便是某些学习非常拔尖的学生。学生们错误并且根深蒂固地认为，学习是为了别人。为了老师要在全年级争一个好名次而学习，为了家长在其他同事朋友中有面子而学习，或者什么都不为，只是为了学习而学习。

林林的妈妈平日里工作非常辛苦，下班回家之后还要忙这忙那，可以说是非常疲惫。可是林林却不懂得帮助妈妈做点事情。有一次，妈妈看见林林做完作业后玩得不亦乐乎，就对林林说："你已经是大孩子了，闲下来时帮我干点家务。看着我一天忙到晚，也不知道关心。"林林这时很不服气地说："我怎么不关心你啦，你没看见我已经做了一个小时的作业了。"妈妈只好说："那还有许多空余时间，总可以帮帮我的忙吧！"林林十分委屈地说："我帮了这么多忙你还不满意啊？要知道做一个小时作业要花多少精力啊。"

显然林林的学习动机完全是为了家人，为了妈妈，所以他认为自己做了一个小时的作业就是对妈妈的最大回报，却不明白学习是为了自己。

男孩们，随着时间的流逝，我们在不断地长大，总有一天会离开父母、离开学校面对社会，所以我们应该早点明白这个道理。我们是在为自己而读书，而不是为父母，为他人。应该更加懂得自己即将面临的责任和风险，应该更加知道自己面对离自己越来越近的独立生活将怎么办的现实问题，应该更加清醒地认识到自己之后该何去何从。男孩们要明白，现在我们是在为自己的将来读书，是为自己的未来积蓄生存资本和谋生财富，我们的学习不是纯粹为了父母，男孩们如果明白这些道理，会对自己的学习生涯产生积极的影响。

那么，男孩应该怎么做呢？

1. 提高主动性

积极主动并且把学习当成是一种乐趣，这样才能更好地学好本领。有了主动性，就能自主地把学习当成是生活中不可或缺的一部分；有了兴趣，无形中就会大大提高自己的学习效率。有的同学基础不好，学习过程中总有不懂的问题，又羞于向人请教，结果总是郁郁寡欢，心不在焉，从何谈提高学习效率。这时，唯一的方法是，向人请教，不懂的地方一定要弄清楚，一点一滴地积累，才能进步。如此，才能逐步地提高效率。

2. 学会感恩

男孩们，当前能够有这么好的学习环境和生活条件，我们心里是否有一种感恩的意念呢？没有父母，我们怎能如此安心的学习,为人生打基础?没有老师,我们怎么学到如此丰富的知识,不断充实自己?所以说,我们要学会感恩。只有懂得感恩,懂得现在是为自己的将来而学,那么等到我们有所成就的那一天,我们才能够更有心、有能力报答他们。

心里悄悄话

男孩,看完这些,相信你们已经明白了很多道理。你读书是为了你自己,不是为了父母,更不是为了老师。最后享受绝大部分读书成果的也还是你自己。你还有什么理由不好好读书呢?

少壮不努力,老大徒伤悲

王凯从小就是一个调皮的孩子,从来不知道学习,在校期间总是顶撞老师、欺负同学、上课开小差,一直就是学校里出了名的坏学生。初中毕业之后,他也没有考上高中,被家里安排到一个技校去学习技术,可是没待一年,他受不了学校的管制,最终还是退学了。可是真正面临现实,面对生活的时候,他才知道社会的残酷。由于上学期间没好好学习,他什么都不会,而且也没个正经的文凭,所以屡屡受挫之后,他去了一个工厂打工,艰苦的打工生活让他终于知道了"少壮不努力,老大徒伤悲"这句话的真正含义,他非常后悔上学时自己的愚蠢行为,他开始怀念起学习，对于自己的前途他感到非常的担忧。

这个故事告诉我们一个道理：小时候不好好努力，长大后只能像王凯一样，想学都来不及了。正所谓"少壮不努力，老大徒伤悲"。男孩们，在学习上一点也不能松懈。因为我们坚信每一个人都想成为一个有用的，为国家奉献的人。所以说，一定要好好努力学习，千万不能像王凯一样半途而废！

南朝时期的史学家、声韵学家沈约（公元441~513年），出身于已经破落的官宦之家。他的父祖辈都立有军功，担任过将军、太守等官职，并且多数能文能武，有著作传世。到沈约这一辈时，由于统治集团内部矛盾，家族中已有多人被杀，家里的财产或被充公，或被瓜分，已经变得十分贫穷了。沈约13岁时，父亲也在政治风波中被杀，使得沈约少年时代就"流寓孤贫"，过着投亲靠友混口饭吃的日子。但是沈约并没有因此而消沉，他从小就立定志向要振兴家门。在颠沛流离中他没有学好武艺，不能像父祖辈那样立军功做将军。他读书却是很用功，积累了不少知识，于是决定著书立说，做个文人学士。沈约特别喜欢史学和声韵学，很早就立定志向做个史学家和声韵学家。当时记录晋朝始末的史书还没有人编写，于是他先着手编写《晋书》。经过多年努力，编成了《晋书》120卷。不久，刘宋灭亡，南齐建立，沈约又决定编写《宋书》。他不是那种光会立志不去努力的人，而是立定志向就孜孜不倦地去实行的人。又经过多年努力，他编成了《宋书》100卷。后来沈约编的《晋书》在战

乱中亡佚，而《宋书》则流传了下来，并早已被列入《二十四史》之中。在声韵学方面，沈约经过多年研究，撰有一部《四声谱》，为中国声韵学的研究开创了先河。另外他还有文集100卷，收有他平日所写的诗文。沈约的成就，与他从小就立定志向，树立了远大目标，并为之不倦地奋斗分不开的。

男孩们，看一下，想一下，你们是否也有这样的情况？常常整天在家看电视，或出去和同学玩，只有爸爸、妈妈在的时候，才会认真地看一会儿书，或应付一下老师布置的家庭作业。往往是今天的作业推到明天，明天的作业推到后天，而到了后天还想玩，时间就这样白白浪费了。

男孩们，成长起来吧！十几岁不立志，二三十岁会很平庸。其实，以下几点对于男孩的成长来说，有着很好的借鉴意义。

1. 珍惜学习时间

"时间，就像海绵里的水，只要你挤，总是有的。"可是生活中又有多少人在挥霍时间呢？时间稍纵即逝，青春也是一去不复返，我们应该反思一下自己，是否用实际行动去珍惜时间，是否对时间有过清醒的认识。有的人抱怨时间过得太慢，整天无所事事，得过且过。男孩要明白，时间是公正的，它回报勤劳者以硕果，回报懒惰者和平庸者以贫穷。

2. 尽力做好每一件事

男孩当前的主要任务就是学习，在宝贵的学习阶段，我们就应该明白每天的付出和努力是多么的重要，只有这样我们才能更好地投入进去。路在脚下,只要我们脚踏实地的一步步去实践、去尝试,那么我们才不会悔恨终生。

心里悄悄话

"少壮不努力,老大徒伤悲",相信男孩们明白了时间是多么的重要,又是多么的可贵!从现在起,养成良好的生活习惯,早睡早起。做好学习计划,合理利用时间,牢牢抓住时间的一分一秒,认真学习,积累知识,使自己成为一个成绩优秀的学生。

时间一去不复返,青春亦如此

"燕子去了,有再来的时候;杨柳枯了,有再青的时候;桃花谢了,有再开的时候。但是,聪明的你告诉我,我们的日子为什么一去不复返呢?是有人偷了它们罢,那是谁?又藏在何处呢?是它们自己逃走了吧!现在又到了哪里呢……"这一篇《匆匆》,朱自清不知道道出了多少人的感慨与无奈。太阳落了,第二天还会升起,可是我们自己的时间呢?我们的青春呢?那都是一去不再来的啊!

男孩们,古往今来,珍惜时间可以说是一个不变的话题,也是历代警诫后人成功的必备秘诀。时间就是生命,希望男孩谨记。

自古以来,懂得珍惜时间的名人很多,鲁迅就是其中一例。在他12岁上私塾的那段时间家里已经很艰难了，父亲病重，弟弟年幼，他不仅要在学校读书，还要帮助母亲照顾家里，所以，时间对于他来说非常的重要。

由于特殊的家庭情况，鲁迅读书的时间并不是很充足，所以他整天都在尽力挤时间学习。鲁迅读书的兴趣十分广泛，又喜欢写作，他对于民间艺术，特别是传说、绘画，也深切喜爱；源于这种广泛的兴趣爱好，时间对鲁迅而言就更加的珍贵，因此只要有闲暇时间，他就去读书学习，每天都要学习到深夜才肯罢休。

时间就是生命，一直以来鲁迅都是这样认为的。在他的生活中，他非常不理解那些总是没事串门子、四处唠家常的人。有时候他忙于工作或学习，如果有人没事来他家唠叨，他就会非常的厌恶，甚至毫不客气地对人家说："唉，你又来了，就没有别的事好做吗？"

"发明大王"爱迪生可以说是一个家喻户晓的大人物，其实他的成功也离不开珍惜时间。爱迪生自小就有着强烈的好奇心，并且能够把自己的想法付诸实践，直到疑惑解开为止。由于对实验和发明有着强烈的兴趣，长大之后他就专门从事这方面的职业。他在新泽西州建立了一个实验室，一生发明了电灯、电报机、留声机、电影机、压碎机等总计两千余种东西。爱迪生的强烈研究精神，使他对改进人类的生活方式，做出了重大的贡献。

爱迪生经常对自己的助手说这样一句话："浪费，最大的浪费莫过于浪费时间了。人生太短暂了，要多想办法，用极少的时间办更多的事情。"

有一次,在实验室里,爱迪生交给助手一个任务,让他测量一个没上灯口的空玻璃灯泡的容量是多少,然后开始继续自己的工作。可是过了好久,他也没听到助手的答复。原来助手正拿着软尺在测量灯泡的周长、斜度,并拿了测得的数字伏在桌上计算。爱迪生说:"时间,时间,怎么费那么多的时间呢?"爱迪生走过来,拿起那个空灯泡,向里面斟满了水,交给助手,说:"里面的水倒在量杯里,马上告诉我它的容量。"

这时,助手立马就读出了数字。

爱迪生说:"这是多么容易的测量方法啊,它又准确,又节省时间,你怎么想不到呢?还去算,那岂不是白白地浪费时间吗?"

此刻助手羞愧地红了脸。

爱迪生这时就跟他说:"我们的人生实在是太短暂,我们要学会节省时间,这样才会做更多的事情啊!"

男孩们,你们是否意识到这一点呢?名人尚且如此珍惜时间,何况我们这些普普通通的人呢?所以我们要从现在开始,把握住自己的时间!不让时间白白流逝!

1. 适当惩罚

上课迟到,做事拖拖拉拉……这些都是浪费时间的表现。我们要学会自我惩戒,警告自己下次注意。比如,如果迟到,惩罚自己下课休息时间留在教室学习把时间补上,也可主动去

找老师承认错误，立下保证，请老师一起监督自己。

2.善用整块时间干件大事

我们要学会利用一整块时间去把事情一次性做完，不要总把事情分成几段时间来做。比如在计算一道复杂的数学题时，如果每天想一会儿，就去做别的事，那么第二天又得从头开始想，因为昨天的思路已经忘记了。这样的话，就会很耽误时间。

心里悄悄话

时间就像海绵里的水，只要挤一挤总会有的。男孩们，我们要从小认识到时间的宝贵，珍惜时间，规律作息，养成良好的习惯。此外，还要注意劳逸结合，合理放松自己。

终有一天你要离家，振翅高飞

陶行知先生说过一句话："滴自己的汗，吃自己的饭，自己的事，自己干。靠天靠地靠祖上，不算是好汉。"终有一天我们会长大，真正走出自己的家，我们不能一直指望父母为我们包办一切，因为我们需要父母做的还有很多。成长是一个过程，男孩们要摆脱依赖才能在远方的天空自由翱翔。

有一天，天气格外好，一位老农去山上砍柴，傍晚回家的时候遇到一只小鸟，这只小鸟长得很奇怪，身上几乎没有羽毛，老农就将它带回家里，给自己的孙子玩。

农夫的孙子很喜欢这只小鸟，就把它偷偷地放进鸡群里，可是母鸡竟然没发现什么不同，把它当作自己的孩子一般对待。

过了一段时间，这只鸟长大了，它的体型完全不同于小鸡。身上也长出了黑色的毛，脖子长长的，于是有人看出它是一只鹰，人们都害怕它会叼村里的鸡。但是，人们的担心是多余的，这只长大的鹰始终与鸡相处得很和睦，没有一点要伤害鸡的动机，只是它会出于本能飞上天空翱翔，再向地面俯冲，这时才会引起鸡群的片刻恐慌和骚乱。时间长了，左邻右舍都很厌烦这只生活在鸡群里的老鹰，如果谁家鸡丢了，他们首先就锁定在那只鹰身上，因为鹰毕竟是鹰，生来就是要吃鸡的，即便它是在鸡群中长大的，也摆脱不了吃肉的天性。后来，人们一致要求：要么杀了那只鹰，要么把它放生，让它永远别回来。

农夫一家非常舍不得杀害那只鹰，迫于压力，他们只好选择放生，让鹰离开他们。可是不管他们怎么丢弃它、驱赶它、殴打它……那只鹰死活都不肯离开。最后他们终于明白了：原来，鹰很眷恋它从小长到大的家园，舍不得离开那个温暖舒适的窝。后来，村里的一位长者听说了此事，便说："把鹰交给我吧，我会让它重返蓝天，永远不再回来。"

这位长者带着鹰，走到了村边一个非常陡峭的悬崖边上，他站在那里，把鹰直接扔向万丈深渊。刚开始的时候，那只鹰如同一块石头般向下坠去，快要坠落到涧底时，它忽然轻轻拍了拍翅膀，便飞向了蔚蓝的天空。

鹰飞得越来越高，它的身姿越来越矫健，也越来越自由。是的，这就叫做翱翔天空，因为蓝天才是真正属于它的家。飞着飞着，它逐渐远去，最终成为一个黑点，消失在人们的视野里。

成长的道路充满无数未知的困难，只有尽快让自己成长起来，我们才会在人生的征程中越走越远。

1. 必须要有理想

没有理想，谈何成功？前进的方向需要理想的指引，没有理想，就无法攀登人生的新高度。所以说，诺贝尔奖永远颁给拥有理想的人们。然而，男孩们，你们心目中理想的旗帜是什么？崇高感、使命感从来是灿烂的人类文明精神的标志之一。男孩们倘若失却了自己的理想与信念，那么你们的人生价值也许便会无所依附。

2. 依赖心理是必须要摆脱的

男孩要学会选择，学会做事的技巧和知识，逐步培养自己的独立意识。应该努力靠自己的力量去取得一次次小的成就，慢慢地树立自信心和独立自强的意识。

心里悄悄话

男孩们，或许你们还觉得自己小，依赖父母是理所当然的事情，你可曾想过，如果养成了一种习惯，那么长大之后我们该如何面对呢？一辈子躲在父母的庇护之下吗？像最初的老鹰一样舍不得温暖舒适的窝。如果是这样,那你一辈子就只能是一只"鸡",不可能成为"老鹰"。

感恩父母,用行动去付出

父母给了我们生命,为我们安置温柔的避风港,让我们在爱的小窝里茁壮成长。可以说父母为我们付出了他们的全部,可是我们是否为他们做过什么?我们看到他们高大的身影可以为我们遮风挡雨,感觉他们可以帮我们走过一路的艰难险阻。可是我们是否想过,他们真的那么容易吗?生活并非想象中那样完美,父母的辛劳是我们无法体会的,我们虽不能为父母分担生活的艰辛、创业的艰难,但我们可以在生活上少让父母为自己操心。想想当父母生病时,我们是否应该担起责任照顾父母?感谢父母,并没有多么难,哪怕是为父母做一件微不足道的小事,也能让他们感到欣慰。哪怕只是一句关心的话语,一碗自己做好的方便面,都会慰藉父母曾为我们百般焦虑的心。

古往今来,传承孝道的人数不胜数,相信男孩们也一定会怀揣感恩的心,发扬"孝"文化。

舜,传说中的远古帝王,五帝之一,姓姚,名重华,号有虞氏,史称虞舜。相传他的父亲瞽叟及继母、异母弟象,多次想害死他:让舜修补谷仓仓顶时,从谷仓下纵火,舜手持两个

第1章 成长烦恼——是时候准备走上人生的征程了

斗笠跳下逃脱;让舜掘井时,瞽叟与象却下土填井,舜掘地道逃脱。事后舜毫不嫉恨,仍对父亲恭顺,对弟弟慈爱。他的孝行感动了天帝。舜在厉山耕种,大象替他耕地,鸟代他锄草。帝尧听说舜非常孝顺,有处理政事的才干,把两个女儿娥皇和女英嫁给他;经过多年观察和考验,选定舜做他的继承人。舜登天子位后,去看望父亲,仍然恭恭敬敬,并封象为诸侯。

"恩情似海不能忘",这句话道出了多少人的心声,让多少人泪流满面。一颗感恩的心,普及的是你的高尚情怀,传递的是人间的大爱,更何况他们是生你养你的父母。

有一位男士,他是一位富豪,生活上是非常富裕。他有一位老母亲,一天他带着老母亲去看牙,母亲牙齿全坏掉了,一进牙科诊所,牙医开始推销他们的假牙,可母亲却要了最便宜的那种。牙医感觉很不理解,不管他怎么讲述好牙与坏牙的区别,这位富豪儿子却丝毫没有什么反应,只顾着自己打电话抽雪茄。最终牙医也没有说服这位老母亲,同意为她镶最便宜的假牙。这时,母亲颤颤悠悠地从口袋里掏出一个布包,一层一层打开,拿出钱交了押金,一周后再准备来镶牙。

他们离开之后,所有的人都气愤极了,感觉这个男人真的是太不孝了。牙医说他衣冠楚楚,吸的是上等的雪茄,可却不舍得花钱给母亲镶一副好牙。就在他们为此感到气愤的时候,这位男士回来了,他说:"医生,麻烦您给我母亲镶最好的烤瓷牙,费用我来出,多少钱都无所谓。不过您千万不要告诉她实情，我母亲是个非常节俭的人，我不想让她不高兴。"

做一个孝顺的好孩子，男孩们需要记住以下几点。

1. 行动起来，为父母做力所能及的事情

男孩们，为了我们的生活学习，为了给这个家带来好的生活，父母上班挣钱真的很辛苦。这时候，我们难道对他们的付出视而不见吗？生活中，我们要尽力去帮助父母，做一些力所能及的事情，让父母能休息一下；学习中，不要总是让父母操心自己的学校生活和成绩，做一个懂事的好孩子。这样，你的贴心会给父母带来很大的安慰。

2. 做一个有责任、有担当的孩子

只有当自己明白了责任的重要性之后，才能独立去面对生活中的问题，才不会让父母为我们事事操劳。我们已经长大了，不是父母怀里的幼儿，父母已经给了我们他们的全部，我们要做的是感恩。

心里悄悄话

"百善孝为先"这句古语相信大家都很熟悉，在所有的美德中，孝敬父母是居于首位的。如果连孝敬父母都做不到，那么你还何谈爱他人、爱祖国呢？看完上面这两个故事，相信男孩们眼中已泛着感动的泪花。是啊，感恩，让人间充满更多的爱，让我们的心灵更加的纯粹。行动起来，从点滴做起，学会对父母表达你最真切的爱吧！

第 2 章
我心有梦——人生的成就是从选定方向开始的

梦想有多远,你就可以走多远,如果没有梦想,人生就没有前进的方向。正因为有了梦想,我们才能拥有奋斗的目标,而这些目标凝结成希望的萌芽,在汗水与泪水浇灌下,绽放成功之花。男孩们,一步登天是不现实的,理想的阶梯需要逐级攀登,脚踏实地才能筑梦远方。我们要学会放宽自己的眼界,不要局限在自己的小圈子里,要学会在优胜劣汰的竞争中争取自己的一席之地。

脚踏实地，方能筑梦远方

在我国著名的思想家、文学家、政治家荀子的《劝学》一文里曾有这样一句话："故不积跬步，无以至千里；不积小流，无以成江海。"这句话的意思是说千里之路，是靠一步一步走出来的，没有小步的积累，是不可能走完千里之途的。引申开来，就是做事要脚踏实地，一步一个脚印，不畏艰难，不怕曲折，坚韧不拔地干下去，才能最终达到目的。是的，在你准备奔跑前，一定要学会如何走路。男孩们，不论干什么我们都要有脚踏实地的精神，不能半途而废，也不能好高骛远，凡事一步一个脚印，这样才能走得更远，收获更多。

一位男士从网上看到一家公司招聘中层管理人员的广告，于是决心去尝试一下。到面试那天，他准时到达了公司，当时接待他的是公司的总经理。这位男士看到总经理比较严肃，他的内心便紧张起来，但是他尽力保持镇静，详尽地回答总经理的提问。

总经理问："先生，请您结合几年来的工作经验，谈一下对公司未来发展的一些看法？"

这位男士说："先生，当前的主要问题不是讨论公司未来的发展前景如何，我认为公司的发展应当是秩序化的管理。"

总经理问："此话怎讲？"

"因为我到您这里的时候，已经看到了公司的现状。"这时，外面突然传来警车鸣笛的声音，但是这位男士却好像什么也没有听见，仍在认真阐述自己的观点。

总经理说："当前面试的已经有一百多个人，其中有八十几位与你的看法是相似的。"

总经理所说的话，相信大家都能明白是什么意思。

这位男士还是觉得有些失望，不过，他还是很有礼貌地起身告辞。

当他开门出去的时候，突然看到地下有一个钉子，于是他就随手把钉子捡了起来，然后开门往外走。

这时，总经理突然在后面喊道："先生，我能继续和您谈谈吗？"

这位男士很好奇地问："先生，我不是没有希望吗？"

总经理笑着说："先生，在参加面试的这一百多人里，只有你的答案是最与众不同的。关键是刚才捡钉子的细节，更是让我佩服。要知道，有多少面试的人都踢开了这颗钉子，唯有你看到了这颗钉子的存在，这证明你非常务实，是一个脚踏实地认真对待工作的人，我决定录用你！"

事实证明，这位男士到了公司之后，脚踏实地，做出了卓越的成绩，最终成为公司的总裁。

男孩们，成为一个脚踏实地的人，知道怎么做吗？

1. 从当下的事情做起

当下的事情做不好，怎么谈以后？男孩们，遇到一道难题都不想解决，就幻想成为全校第一，现实吗？所以，要想取得更大的进步，就必须把当前的每一件事做好。学习是一个不断积累的过程，只有不断地超越自我，才能收获更多的知识。

2. 遇到困难不退缩

男孩们，困难面前要懂得多方位思考，用自己的实际行动去解决问题，而不是选择退缩。如果懂得这样思考总结、找方法，多次尝试，其实你就是在进步，就是在走向成功。

心里悄悄话

男孩们，想要有出息就要做到脚踏实地，在任何情况下对于任何事情能够做到脚踏实地那就非常得了不起。当前我们的主要任务就是学习，我们要从故事中学到的就是一种脚踏实地的精神，一步一个脚印，用文化知识充实自己，这样我们才能积少成多，实现大的飞跃。

不要总急于求成，一步登天

罗马非一日建成；冰冻三尺，非一日之寒。我们追求效率原本没错，然而，一旦陷入盲目追求一步登天的旋涡之中，失败便已注定了。"一口吃不成个胖子",及时地给自己的心灵洗个澡,去除那些躁进的因子,人生才会拥有更大的幸福。

男孩们,我们要时刻谨记,一步登天只是一个传说,理想的阶梯需要逐级攀登。

有一个故事大家都不陌生,那就是揠苗助长。庄稼的生长是有其客观规律的,人无力强行改变这些规律,但是那个宋国人不懂得这个道理,急功近利,急于求成,一心只想让庄稼按自己的意愿长高,结果得不偿失,让自己所有的辛苦都付之东流。其实,万事万物都有其自身发展规律,我们做的所有事情也有客观的规矩或限制,做事必须循序渐进,而不能急于求成。正如一位哲人所说"违背客观规律的速成就是在绕远道",只有尊重事物发展规律并付出踏实的努力才能获得最终的成功。

春秋时期,郑庄公准备伐许,开战之前,为了挑选出优秀的先行官,他先在自己的国都组织了一次比武大赛。部下众将领听后,均面露喜色。因为大家都很在意每次立功的机会,都跃跃欲试。

经过紧张的准备,比赛终于开始了。首先进行的是击剑格斗。众将领都使出了浑身的解数,只见空中短剑飞舞,盾牌晃动。经过轮番比试,已有六个胜出。接着进行的是箭术比赛,之前胜出的六名将领每人各射三箭,以射中靶心者为胜。六位胜出者中有一位叫公孙子都的将领,他武艺高强,年轻气盛,从来都不把别人放在眼里,他上场后,三箭连中靶心。还有一位年纪稍大点的叫颍考叔,他上场之后,也是三箭连中靶心,这场比赛下来,其他将领均已落败,只有这两位打成平手,留下来参加下个项目的比赛。

最后一项的比赛是让他们二人站在百步之外,同时去抢一部战车。如果谁能先抢到手,谁就是这次伐许的先行官。这时的公孙子都轻蔑地看了颍考叔一眼,因为他心里明白:自己要比颍考叔年轻许多,力气也大,这一轮肯定是自己赢。比赛正式开始了,刚跑到一半路程的时候,因为公孙子都抢车心切,加快了步伐,谁知刚加速,他的脚下一打滑,就栽了个大跟头。等他再次爬起来的时候,颍考叔早已抢车在手。

不服气的公孙子都,还准备去抢夺颍考叔手中的战车。庄公连忙制止,并宣布颍考叔为这次伐许的先行官。就是从这个时候开始,公孙子都一直对颍考叔怀恨在心。

伐许的战争终于开始。颍考叔果然不负庄公厚望,他手举大旗英勇地带领大批将士不断进攻许国都城。只见颍考叔率先从云梯上冲上许都城头。眼看着颍考叔即将大功告成,可是城下嫉妒得要死的公孙子都却拔出箭来,搭弓瞄准城头上的颍考叔射过去,一下子就把颍考叔射了下来。这时,与颍考叔一起的另外一位不知道实情的大将瑕叔盈还以为颍考叔是被许兵射中阵亡了,连忙捡起战旗,继续指挥士卒冲城,最终拿下了许都。

越是急于求成,越容易迷失自己,男孩们,相信我们应该看懂了，急于求成的人最终摆脱不了栽跟头的下场。公孙子都，因为他急功近利的心态导致了自己没能顺利赢取先行官的头衔。男孩们，请记住：不管你多优秀，都不要急躁，要稳步向前，这样才能锻炼成为一个从容不迫的男子汉。

1. 培养耐心

男孩们，每个人都想成功，每个人都希望自己能够取得更大的进步，可是这不是一蹴而就的事情，需要我们一步步脚踏实地地去积蓄力量，这样才能到达理想的彼岸。相反，如果只是为了短期利益而急于求成，那反而会离目标越来越远。由此可见，做事情切不可急功好利，要从日常生活中培养耐心、信心，凡事都要用心，专心才容易成才。

2. 合理定位自己

男孩们，想一想自己有哪些优缺点，想一想是否对自己有一个明确的认识，如果自己都不了解自己，那谈何成就自我，超越自我？认识自己的同时，还要有务实开拓的精神，天上不会掉馅饼，只有自己动手做才能品尝到成功的喜悦。

心里悄悄话

也许你现在还感觉自己的进步不是很明显，总是着急尽快实现前几名的梦想。其实，男孩们要明白，学习是一个不断努力的过程，不可能一下就实现质的飞跃，所以我们要想取得更大的进步，就应该一直保持坚持不懈，积极向上的精神面貌。

放宽眼界，不要做井底之蛙

一位欧洲留学的中国学生和他昔日的好友谈起了自己世界观的转变。小时候成绩非常突出，后来又以高分考上了县里一所重点中学。可是在一群条件高于自己，实力非常强大的学生中，自己的光环逐渐丧失，于是内心产生了嫉妒心理：比自己好的同学原来都有六棱好铅笔，自己却没有，天道不公啊！经过几年的苦读，他居然又成为县中学的第一。而他又觉得：人与人之间还是不平等的，为什么自己没有好钢笔呢？几年后他中学毕业来到北京上大学，可是渐渐发现自己的成绩已经到了中下游。看到城里的同学是好铅笔成堆，好钢笔成把，早上蛋糕牛奶，晚上香茶水果，想想自己，早上一个窝头还舍不得吃完，还要给晚上留一半。"合理"又从何谈起呢？

后来经过自己的努力，他来到欧洲留学，此刻站在更广阔的视野里，他觉得自己的世界观发生很大的变化。之前的悲观、嫉妒、埋怨一下子就全部消失了。原来自己选取的比较标准发生了变化，看到的不再是自己的同学、同事和邻居，而是整个世界。

男孩们，眼光长远才能走得更远，相信大家都不愿意做井底之蛙，永远走不出自己的小世界。

阿凯和阿利基本上同时在一家大型超市上班，他们刚去的时候都是从最基层做起。可是没多长时间阿凯就升职了，从普通职员到领班直到部门经理。阿利却像被遗忘了一般，还在最底层工作。终于有一天阿利忍无可忍，向总经理递出辞呈，并痛斥总经理狗眼看人，辛勤工作的人不提拔，反而提拔那些吹牛拍马的人。

总经理一边听着，一边思考着这个家伙的优缺点，虽然吃苦耐劳，但是阿利总是给人一些缺了点什么的感觉，突然经理想到了一个点子。

"阿利先生，"总经理说，"您马上到市场上去，看看今天有什么卖的。"

阿利很快从市场上回来说，刚才市场上只有一个农民拉了车黄瓜在卖。

"一车黄瓜大约有多少袋，多少斤？"总经理问。

阿利又跑回去，回来后说有50袋。

"价格是多少？"阿利再次跑到市场上。

看着阿利累的上气不接下气，经理说："请休息一会儿吧，看看阿凯是怎么做的。"说完叫来阿凯对他说："阿凯先生，您马上到市场上去，看看今天有什么卖的。"

阿凯很快从市场上回来了，汇报说到现在为止只有一个农民在卖黄瓜，有50袋，价格适中，质量很好，他带回几个让总经理过目。这个农民一会还将上市几箱土豆，据他看价格还公道，可以进一些货。像这种价格的土豆总经理大约会满意，所以他不仅带回来几个土豆作样品，而且把那个农民也带来了，他现在正在外面等话呢。

总经理看了一眼红了脸的阿利，说："请他进来。"

男孩们，如果是你，你会怎么做呢？相信他们两个的做法也是很多同学的做法。如果一味地沉浸在当前，那么你永远也走不出自己的小圈圈？

1. 明白当下与长远的关系

如果一个人的眼光只是着眼于当下，那么他和井底之蛙有什么区别呢？一个有思想的人是不会被眼下的好与坏束缚的，他看到的是更为长远的未来。男孩们，不要畏惧艰苦的生活，也不要觉得学习是一件枯燥的事情，因为这都是在为你未来的美好生活打下根基。

2. 多读书，开阔视野

书籍的力量是我们无法估量的。读书，不仅增长智慧，对于人的一生也有着重要的意义。想开阔视野，读书是必不可少的。男孩们，不要局限于课本知识，要多去看一些书报，看得多了，才能了解得多，心境才会更加开阔。

心里悄悄话

男孩们，想要开阔视野，当然离不开读书。相信男孩心里应该明白，读书在人生中的分量到底有多重。读书就是一种学习，读书是知识的积累，读书能提升自己的心灵修养。男孩们正是处于学习的最佳阶段，一定要做到博览群书，从书中了解古今中外，从书中探索未来的奥秘。

你和谁在一起，真的很重要

和勤奋的人在一起，你不会懒惰；和积极的人在一起，你不会消沉；与智者同行，你会不同凡响；与高人为伍，你能不断进取直至登上巅峰。科学家研究认为："人是唯一能接受暗示的动物。"积极的暗示，会对人的情绪和生理状态产生良好的影响，激发人的内在潜能，发挥人的超常水平，使人进取，催人奋进。

男孩们，所谓近朱者赤，近墨者黑。在现实生活中，你和什么样的人在一起的确很重要，甚至能改变你的成才轨迹，决定你的人生成败。

其实下面的案例，相信在生活中我们很多男孩都经历过或者目睹过。

章昱明属于那种很自我的男孩子。他思想偏激、做事冲动，根本不考虑别人的感受。从小学到高中，他几乎不和同学交流；上了大学以后，第三天就和室友闹矛盾，干脆搬出宿舍，自己到外面租房，把自己和同学隔开。毕业以后，他在北京找了份工作。工作一般，待遇也一般。北京是个什么地方啊，一切开销都很高，他负担不起房租。万般无奈，和同事合租一间房。一年之后，昱明回家探亲，做事稳妥、语气平缓，一举一动，竟然有了君子之风。他的表哥私下问及原因，他回答说："主要是我的同事给我的影响太大了。"

第2章 我心有梦——人生的成就是从选定方向开始的

原来，与昱明同住的同事是个很不错的小伙子。他明事理、有主见，与人相处起来得心应手。昱明常常能从他身上发现自己的不足。初时感到很羞愧，时间长了，就从他身上学到了很多为人处世的方法，渐渐地自己也跟着改变了。

看完这个故事，相信男孩们也有不少的启发。"近朱者赤，近墨者黑"，确实是这个道理啊！长时间接触那些品质优良的人，无形中你就会受到他们的感化与熏陶，逐渐地把他人的长处转化为自己的长处，从而让自己变得更加优秀。在学习上，难道不是这个道理吗？如果你选择与积极向上的同学在一起，那么你一定会受到启发提升自己，如果整日里跟那些喜欢打架闹事的同学在一起，那么相信没多久你也会成为其中的一员。

王鑫大学毕业后，被分配到一家市级银行的分行工作。刚开始工作，王鑫十分努力，他也适时地和分行行长交流业务问题，虚心求教。很快，头脑聪明的他，获得了行长的赏识。

几年过去，王鑫荣升为这家分行的信贷科科长。慢慢地，王鑫和社会上的一些朋友熟悉起来。你来我往，经常一起喝酒吃饭。这期间，正巧分行行长年事渐高，到了要退下来的时候，他也有意让王鑫接替他的位置，于是让王鑫做了代理副行长，还经常带王鑫出席各类金融会议，结识了许多金融界的重要人物。老行长嘱咐王鑫，要多多学习、多多联络，做好各种铺垫。

但是年轻的王鑫没有把老行长的一番话听进去，心浮气躁的他，在一大堆社会朋友的吹捧中渐渐迷失了方向，每天都忙着和社会上的朋友交际。慢慢地，大把的资金通过他的手借给了他的那些朋友。

最终，许多借款都成为了坏账。王鑫风光无限的前途就这样被他自己给葬送了。

王鑫的下场就是因为自己没有意识到环境能给人带来多大的影响。就像那句话所说的："你是谁并不重要，重要的是你和谁在一起。"他人的影响其实对自己还是很大的。有句西方谚语也这样说，"你认识的人决定你的未来"，意思就是，现在你见到的人是谁，你认识的人是谁，将会决定你的未来。

北宋著名诗人欧阳修，在文学和政治方面都有很高的成就。他在颍州做官时，一个叫作吕布著的人在他手下当差。吕布著很仰慕欧阳修的才华和见识，经常向他请教一些文学方面的问题。

一次，欧阳修的朋友范仲淹来拜访欧阳修，欧阳修也邀请吕布著一起作陪。范仲淹对吕布著说："你能在欧阳修身边做事，真是太好了，你应该多向他请教一些写诗的技巧。"

吕布著听后，深以为是，此后也更加频繁地向欧阳修请教了。

后来，在欧阳修的言传身教下，吕布著的写作水平得到了很大的提高，成为了当时有名的诗人和政客。

那么，看完这几个故事，我们又有什么收获呢？

1. 提高自我辨识能力

男孩们，我们已经不是幼儿了，我们在不断地成长，所以

我们自己要有自己的想法，能够合理的、正确地辨别环境的好坏。我们可以多观察、多请教师长，看看周围人处理问题之后的后果如何，不断学习，这样才能提高自己的辨别能力。

2. 自我提高，学习他人长处

男孩们，要记住：学无止境。我们的社会正在迈着巨大的步伐前进，人类也在不断向前，如果你还在原地踏步，那其实就是一种倒退。我们都应该树立"活到老、学到老"的观念，放下"架子"，丢掉"面子"，虚心地向他人请教。多向那些积极的同学学习，见先进就学，见好经验就学，这体现了虚怀若谷的胸襟。有这样的态度，一定能不断提高，不断进步。

心里悄悄话

男孩们，虽然你们还小，但是有个道理是一定要懂得的，那就是人生应该不断学习和进步，正所谓"活到老、学到老"。一个人只有不断地和优秀的人接触，才能让自己受到熏陶，逐渐变得优秀起来。

对泼你冷水的人说"无所谓"

对于自己喜欢做的事情，人们的内心总会有一种向上的心，那是一种热忱。这时候，如果给予一定的赞美与鼓励，人就会变得更为热情，爆发出巨大的能量。但是如果有人对此泼冷水，说出一些嘲笑、讽刺的话，很多人就会失去信心，甚至觉得对方有理，从而丧失了那份激情。这是一种很正常的心理，相信很多人都经历过，对此，我们该如何应对呢？

这个故事将会告诉我们对他人泼冷水的行为是多么的令人反感与伤心。

董坤师傅等客人下车后重新启动汽车，离开了那片别墅区。开出了几条街后，他突然停了下来。因为他发现汽车后座上有一包东西。

"肯定是刚才那个客人不小心遗落的。"董坤师傅将那包东西拿起来，掂量了一下，心里揣测，"里面好像是长长方方的纸袋，感觉像是百元大钞。"

前面有人挥手招车，但董坤师傅对招车的人致以歉意的微笑，然后紧急掉转了车头。

其实董坤师傅大可将这包东西留下，因为那位客人上车后就醉沉沉的，下车时也是直冲而出。董坤师傅可以肯定，他没有留心自己的长相和车牌号。何况那个客人住在别墅区里，多半是个大款，显然不差钱。

但董坤师傅过不了心里那道关，最终决定把这包钱送回去。不一会儿，董坤师傅就把车开到了客人进去的那座别墅门前。他着急地按下电铃，对讲机那头传来男人懒散的声音，正是那位客人。

董坤师傅高兴地说："您好，我是出租车司机，您刚才在我的车上掉了一包东西，我特地给您送回来，请您出来拿一下吧！"谁料男人没有丝毫惊讶的意思，只是轻飘飘地说："噢！这样啊，那么就留给你用吧，那包东西我不要了！"

随即对讲机就挂断了，董坤师傅愣住了，他赶忙打开那包东西，看见的竟是一件沾满呕吐物的衣服。

男孩们，如果是你，你会怎么想呢？相信很多男孩非常生气吧。本来是满怀热心地去做一件善事，可是结果呢？却被人浇了一盆冷水，结局真是令人难以置信。不仅伤害了自己内心的那份热情，还伤害了自己的自尊心。看完这个故事，相信男孩们已经明白了什么是泼冷水，下面的故事或许对男孩怎样应对这种行为有一定的指导意义。

都德是法国著名作家，短篇小说《最后一课》中强烈的爱国主义精神至今还深深打动着全世界的人们。

都德出生在法国南部的普罗旺斯，他小时候，家庭的境况就已经开始没落。都德的母亲对读书有着很大的兴趣，在他记忆中母亲每天都用大把的时间沉浸在书里，无形中给了年幼的都德很大的影响，他如母亲一样也成了一个书迷。正巧父母有一位书商朋友，有此便利条件，都德很早就已博览群书。都德刚成年时，当过小学教师。他体质不好，生性温和，经常被一些顽皮的学生捉弄。后来，他辞去教师一职，和哥哥一起来到了巴黎。没想到，巴黎是个很适合都德的城市，在那里，他显露出了非凡的文学才能，他写的一些关于普罗旺斯的神话以及民间传说，带有浓郁清新的乡土气息和传奇色彩。

可是，生活中总有一些人喜欢泼冷水，都德的周围出现了一些质疑声、挖苦声、嘲笑声，说他写得乱七八糟，一点意思都没有。面对这些恶言恶语，都德却毫不在乎，一笑置之，继续写作。正是这样的坚持，使都德写出了大家熟悉的《最后一课》和他的成名作《磨坊信札》等优秀的作品。虽然都德大部分时间生活清苦，但一生都勤恳写作，不太在意那些突如其来的批评和唾骂。

作为新时代的少年，我们也要学会自我调整，敢于对给自己泼冷水的人说一句"无所谓"。

1. 检讨自己

男孩们，我们不仅要远离那些喜欢给自己泼冷水的人，但是我们也要认识到自己有没有这样的行为。喜欢给身边的人泼冷水不是个好习惯，我们要热情地对待生活。热忱就是一种热情，一种对人的热情、对事情的热情、对学习的热情，还有对生命的热情。人的热忱如果被浇灭了，真是很可惜的事。我们要学会鼓励他人，鼓励自己，这样才能取得更大的进步。

2. 转移注意力

我们没必要对他人消极的话耿耿于怀，做好自己就好了。男孩们，如果遇到令人讨厌的人，我们要学会大度，置之不理，去做自己喜欢的事情，比如读书、运动、参加娱乐活动，等等。

心里悄悄话

假如遇到一些喜欢泼冷水的人,那就远离他们吧,免得让自己心烦。不需要讨好别人,也不需要委曲求全。与其把时间耗在无价值的闲聊上,不如读一些智慧之书,听听优美的音乐,享受精神大餐。世界不是围着一个人而旋转的,所以不能让每个人都对你关爱有加,赞不绝口。那些泼你冷水的人只是对你了解得不够深入,不必在意,只要自己的心是坚定的就够了。

社会不像自家,对你处处优待

我们不可能永远在家的安乐窝里养尊处优,做着王子梦,一直被当做宝贝一样宠爱着,终有一天我们会走出家门,步入学校、社会,走向人生的各个起点。这时候我们要明白"适者生存"的道理,要想在社会中更好地立足,就必须拥有良好的竞争意识,那么不论环境如何改变,生活如何艰难,我们都能成为一个打不倒的男子汉。

有一位外国的长跑教练,他在培训运动员方面很有研究,他的主要成就就是在短时间内培养出了多名长跑冠军。那么他到底有什么成功的秘诀呢?说出来恐怕大家都非常震惊。原来秘密就在于他有一个神奇的陪练,这个陪练不是人,而是一匹凶猛的狼。

教练对运动员要求极为严格,每天早上所有的运动员都要跑步到达训练场地,不准使用任何交通工具。但是其中有一位因为离家太远,每天都迟到。教练准备放弃他,劝告他早些改行,以免浪费自己的时间。

可是有一天早上,想不到的是这名每天迟到的运动员竟然第一个到达训练场。教练根据他离家的时间进行测算,惊奇地发现其速度已经打破了世界纪录。于是,他向队员详细了解情况。

原来,这名运动员在前往场地的过程中遇到了一匹野狼。野狼拼命地追,吓得他在前面拼命地跑,直到将野狼远远地甩在后面。

这时教练感觉豁然开朗,是啊,自己怎么没想到呢?他的速度源于一匹野狼,也就是竞争的敌人,是敌人的存在才激发了他身体内部从未爆发出来的潜能。不久,教练就请了一个驯兽师,带来几匹狼,每到训练时刻,就将狼从笼子里放出来,追赶运动员,结果队员的成绩有了很大的提高。

男孩们,看完故事,想想这个惊心动魄的画面,相信大家内心应该会燃起一种紧迫感。其实,生活何尝不是这样的?竞争对手就在你面前,如果你不努力,你的生命就会有危险。男孩如果缺乏竞争力,最后只能被你的竞争对手打败。人活着就应该有梦想,为了实现梦想就应该磨炼自己,突破自己,这是

第2章 我心有梦——人生的成就是从选定方向开始的

我们需要明白的道理。社会不是你的小家,对你处处优待。

新的学期开始了,四年级的乐乐决定要提升自己,在这个学期冲刺全班的前四名。他爷爷问:"你们班里的前四名同学就是你的竞争对手,要想赶上或超过竞争对手,你就得了解竞争对手,虚心向竞争对手学习。你们班前四名同学都是谁,你知道吗?"他说:"我知道,他们是李航、王宇、张志宁、陈晨。"爷爷又问:"陈晨同学与你相比有哪些优点?"他说:"他非常爱学习,学习很主动,很刻苦。课堂上勇于举手发言,自己弄不懂的问题就虚心向老师和同学请教"。爷爷又问:"张志宁同学和你相比有哪些优点?"乐乐说:"她课堂听讲精力非常集中,对知识不死记硬背,能举一反三。"爷爷又问:"王宇同学与你相比有哪些优点?"乐乐说:"他非常珍惜时间,也很有毅力,对疑难问题从不放过,直到钻研明白、弄懂弄通为止。还有,他总是按时完成作业,还喜欢看课外读书。"爷爷接着又问:"李航同学与你相比有哪些优点?"乐乐如数家珍都作了具体回答。最后爷爷说:"现在你知道应该怎么做了吧?记住,知己知彼,心里才能有底;学人之长,才能胜利有望。"乐乐顿时恍然大悟,信心十足地说:"爷爷,我明白了。您瞧着吧!"爷爷充满希望地看着孙子说:"好孩子,我相信你能成功。"

在爷爷的启发和帮助下,乐乐看到了竞争对手的优势,找出了自己存在的差距,下决心比他们学得更好,更刻苦。他的自身潜能得到了充分发掘,学习成绩提高很快,期末考试一跃名列全班前茅。

学习中,男孩也要向乐乐学习有一颗积极向上的心,还要为此不断努力。

1. 了解自己的不足,学习他人长处

连自己都不了解,还怎么找准目标突破自己呢?所以说,男孩们,静下心来,多去思考一下自己哪里做得不足,缺点和优点有哪些,这样才能更好地去借鉴他人优点,弥补自己缺点。平时可以多去学习一下,请教其他同学。

2. 拥有一颗向上的心

男孩们,只要你有一颗永远向上的心,你终究会找到那个属于你自己的方向。所以,请不要在最能吃苦的时候选择了玩耍,忘记了读书,要从小树立目标,这样最终才会实现你的梦想。

心里悄悄话

男孩们,明白了吧?做一个有竞争力的人,不仅要提升自己,不断刻苦地学习,还要多去了解他人,学习他人的长处。所谓知己知彼,才能百战百胜,盲目地沉浸在自己的小天地里也是不行的。提高竞争力,男孩需要做的还有很多。

第3章
我的青春——青春懵懂，正视并不完美的自己

青春期是青少年朋友们最为宝贵的黄金时期，也是给青少年们带来困惑和不解的一段日子。在青春期，青少年的身体发生了令人震惊的剧烈变化：曾经纯真的童声不见了，变得沙哑难听；脸上好多毛茸茸的小胡子，很难看；脖子上的喉结，鼓鼓的很奇怪……此外，还比较喜欢接近女孩子。这些其实都是青春期的变化，那么，对于青春期的苦恼我们该如何应对呢？

青春期，身体变化多多

明明最近总是闷闷不乐，放学就躲到房间里。晚饭后，爸爸和他进行了沟通。原来他的声音最近发生了变化，使他不敢和同学讲话，怕人家笑话。爸爸拍拍他的肩膀说："儿子，你应该觉得自豪，说明你开始走向生理成熟，变声只是一个方面。爸爸给你讲讲你的身体都有哪些变化。"听了爸爸的解释，明明不再觉得不好意思。

其实这种情况还有很多，因为年幼，许多男孩对此还不是很了解，所以容易产生一些困惑，这是一种正常现象。这时候男孩可以寻求家长的帮助，让自己的疑惑烟消云散。比如，有时男孩也会注意到自己的乳房也在发育。上初二的男孩强强悄悄地对爸爸说："我个子长高了，可是我的乳房也随着长大了。爸爸，我是不是发育不正常？我会不会变成女孩子？"爸爸笑着说："放心吧！这是正常现象，你不会变成女孩的。"通过爸爸悉心的讲解，强强终于明白了其中的奥秘。

青春期男孩的身体变化有以下几个方面：

1. 生长加速

人体有两次快速生长期，一次是在婴儿期，另一次就是在青春期。青春期的身高加速生长，从加速初始到加速高峰大概历时2年，男孩大概从10~12岁开始，平均每年增长7~9厘米，在加速高峰期最快每年身高可以增加10~12厘米，以后逐渐减慢，直到最后停止生长。从加速生长到最后停止生长，男孩为4~9年，身高增加25~30厘米。

2. 体态改变

男孩进入青春期后，从一个调皮可爱的小男孩，变成了身材魁梧、肩宽胸阔、肌肉发达、四肢粗壮的男子汉。这些体格的改变都是在雄性激素的作用下产生的。由于男孩肩带的软骨细胞对于睾酮比较敏感，产生增殖反应，使肩部明显增宽。同时男孩的身体肌肉增加，脂肪增长量下降，最终男子的肌肉发达，脂肪蓄积量明显低于女子。出现男性特有的肩宽胸阔、身材高大、肌肉发达的倒三角体态。

3. 器官功能发育

肺活量随着年龄的增加而增长，男孩在青春期可以增加2000~3000毫升。心率则逐渐减慢，随着年龄增长而下降10次/分。随着青春期的到来，男孩的血压值高于女孩。男孩的肌肉力量明显增加，握力和背肌力均高于女孩。除了灵敏性和柔韧性外，在速度和力量方面都是男孩高于女孩。

4. 性发育

睾丸的增大是青春发动的最初征象。到了青春期的时候，睾丸长度大于2.5厘米，睾丸容积达4毫升，相当于鸽蛋大小，同时出现阴囊增大，阴囊皮肤颜色变红，是青春期开始的征象。男性青春发动的平均年龄为11.5岁（10~13.5岁）。随着青春期发育，阴茎也增长，可以从发育前的5厘米长到发育末期的12厘米，阴囊皮肤由泛红到色素沉着变深，皱褶增多且松弛。在睾丸增大的同时，附睾、精囊、前列腺也逐渐成熟，生殖细胞不断分裂繁殖，到青春发育中期可以产生精子和出现遗精，初次射精年龄平均在15~16岁，但首次遗精不代表性成熟，因为精子数量少，多数精子还不成熟，性器官还在发育中。

睾丸开始分泌大量的雄性激素，在雄性激素的作用下，男性第二性征也就随之出现了。一是出现体毛（胡须、腋毛、阴毛），阴毛出现最早，在12~13岁时，在阴茎根部就可见少量颜色浅、稀疏柔软的茸毛，以后逐渐向会阴部蔓延，颜色也渐渐变黑，毛粗而卷。到了青春后期，大腿内侧、耻骨联合部位、肛门周围也出现了阴毛，呈菱形分布。腋毛的出现比阴毛晚一年左右，一般从腋窝中央部位开始向周围蔓延。胡须的萌发约在15岁，先从上唇的两侧开始逐步向中间增长，以后两鬓及下巴处亦会出现。毛发的生长分布是雄性激素水平的重要标志。二是变声，声带变长，声音由尖细变得嗓音低沉，这时颈部正中喉结突起。所有这些都意味着男孩已成为一个真正的男子汉了。

看完上述的几点变化，男孩们有没有总结出青春期发育的一般过程？

① 10~12岁出现生长加速；

②11~12岁睾丸增大，青春发动开始；

③13岁左右阴毛出现，睾丸、阴茎增大，出现生长高峰期；

④14岁开始变声，喉结增大，腋毛出现；

⑤15~16岁长胡须，睾丸、阴茎接近成年人，出现遗精；

⑥16~18岁面部出现痤疮，体毛增多；

⑦骨骺逐渐闭合，一般骨龄达17岁时停止长高。

但青春发育的进程不是绝对的，而是受很多因素的影响，常会出现某个性征发育提前或错后一些，这也是正常的。

心里悄悄话

男孩们，随着年龄的增长，我们的身体必然会发生一系列的变化，特别是青春期阶段的变化尤为明显。我们要了解自己的身体，认识到其间的变化，这样才能更加清楚地认识自己、接纳自己的不同。

纯真的童声去哪了

男孩们，声音的变化是自己开始走向生理成熟的一个方面，是一种人人都经历的正常现象，我们不要不敢面对，也不要觉得声音变粗很丢人，因此我们应该正确对待自己声音的变化。

男孩可能会好奇，为什么小时候我们男孩跟女孩的声音没什么区别，可是长大了突然会变得沙哑呢？其实，这是正常现象，这说明男孩进入了青春期，青春期的一大特征就是变声。男孩的变声期一般是在13~16岁，变声期大约可持续半年到一年的时间，在这段时间里，男孩要特别注意声带的保护，否则容易出现声音沙哑、咽喉红肿等嗓音病变现象，同时说话或唱歌的声音音域、音色、音调等也会发生很大的变化。

初中二年级五班的陈小航是小伙伴中有名的"麦霸"，不单在每年班里的元旦联欢会上，他的歌曲演唱节目总是压轴大戏，每每博得全班同学的喝彩，就连平时大家一起去K歌时，他也常常攥着麦克风唱个不停。

可就在前不久的一堂音乐课上，老师让陈小航为同学唱一首自己最拿手的歌，他兴致勃勃地唱起了周杰伦演唱的《听妈妈的话》。没想到，当唱到高音部分时，竟然露了怯，居然跑调了，还发出了一种很怪的声音，逗得同学们哄堂大笑。不知谁还冒出了一句："唉哟，踩着鸡脖子了吧。"另一个同学笑道："好像是唐老鸭来了！"弄得陈小航脸一下子红到脖子根，好不懊恼。又试唱了几次，仍然没有好转，他有些灰心，再也不敢引吭高歌了。

这时，音乐老师对全班同学说："同学们，大家不要笑，陈小航的声音虽然变得低沉、沙哑，但这并不是一件可怕的事，因为你们正处于青春期的变声期。这个时期的变化是一种假性变化，还没有成型，没有被完全固定下来，只要你们能及时掌握变声期嗓子的保护措施和技巧，过一段时间，是可以使嗓子恢复昔日风采的。"

虽然听了音乐老师的话，陈小航心里有了一丝安慰，但这堂课的经历，却在他心里留下了阴影。以前，音乐课是陈小航最喜欢的课，现在，他却最怕上音乐课，怕听到同学们的嘲笑声。他不愿意相信，本来很嘹亮的嗓子怎么一夜之间变成这个样子了？他只觉得嗓子又闷又憋，就连说话发出的声音都是沙哑难听的。

或许有的同学正在经历这种变化，有的同学还没面临，不管怎样，我们都要用积极的心态去面对，不要感到自卑或者难过，面临这种变化，男孩要做的就是保护好自己的嗓子。

1. 饮食方面要多加注意

富含胶原蛋白和弹性蛋白质的食物对于变声期的男孩来说非常的合适，如猪蹄、鱼类、豆类、海产品等；还要多摄入含B族维生素和钙质的食物，如蛋类、芹菜、番茄、豆类、动物肝脏、豆制品等；少吃炒花生仁、爆米花及油炸类硬且干燥的食物，以免对喉咙造成机械性的损伤；多饮水，使咽喉得到滋润，但不可喝太烫、太冷的水；少吃酸、辣、苦味等刺激性的食物，少吃冷饮，因为这些食物都会刺激气管、喉头与声带；忌烟酒，因烟酒中的有害物质会影响声带的生长发育。

2. 不要过度使用你的嗓子

变声期的嗓子要格外的保护，男孩一定要懂得合理使用，不要刺激到嗓子，要懂得让声带休息。不要大声嘶吼，尤其注意不要过度K歌，以减少声带负担，要知道，青春期用嗓过度会导致声带过度充血、肿胀，引发急慢性喉炎、声带小结等疾病，严重者还可能导致终生声音嘶哑。

3. 规律的生活习惯

男孩应养成规律的生活习惯，劳逸结合，保证充足的睡眠。在平时生活中应加强体育锻炼，增强身体免疫力，减少上呼吸道感染，这对声带的生长会大有裨益。尤其要注意保暖，因为着凉、感冒都会加重声带的肿胀和充血。

心里悄悄话

男孩们，你们正处于长身体的阶段，要明白声带发生了变化，声音自然也会发生变化。而且，随着这些变化而来的，还有一些其他生理上的变化。男孩变声期的完成一般需要半年至一年的时间。这段时间男孩一定要保持好心态，正确对待这种变化，让身体健康成长。

毛茸茸的小胡子，莫苦恼

在生活中，有一些青少年认为自己的胡须影响美观，非常厌恶自己的胡须，因此总是拔自己的胡须。其实，拔胡须是没有效果的,拔掉的只是毛干、毛根。由于拔不掉毛球、毛乳头和毛囊,因此,一段时间过后,胡须仍然可以顽强地再长出来。

小星是某初中的一名初二学生,今年14岁,正值青春期。这段时间以来,有个问题让小星十分苦恼,那就是嘴边和下巴上长了胡须。刚开始的时候,只有稀稀拉拉的几根,小星也就没在意。可是,后来,胡须越长越多,弄得脸上毛茸茸的,怎么看怎么不舒服。

于是,小星经常会情不自禁地照着镜子用手去拔。刚开始的时候,还有一定的效果,最长的几根一下子就拔没了。可是,后来小星发现,胡须越来越茂密,拔的不如长的快。小星想用刮脸刀去刮,可是一想起父亲铁青的脸色,他就难受,因为他可不愿意早早就成为那个样子!

可是不刮,只能拔掉,怎么办呢?最后,小星偷偷地拿来了父亲的刮胡刀。看到胡子一根根减少,小星开心极了。可是,不知什么时候,爸爸已经站在了他的身后:"干嘛呢?"

小星看到自己的秘密被爸爸发现了,只好说:"胡子有碍观瞻,我要刮掉它!"爸爸看了看儿子的可笑表情,然后便转身离开了。很快,爸爸就折返回来,递给儿子一本书,说:"看看这本书,你就知道怎么保护胡子了。"小星拿过来一看,是本《男孩生理卫生》。

男孩要明白,进入青春期后,在雄性激素的作用下,口唇部位开始长出胡须,这是男性第二性征的表现,也是男性区别于女性的一个重要特征。胡须的出现是在腋毛出现后的一年左右，也可能早一些。这时候的男孩已经接近性成熟期，即由一个调皮可爱的小家伙变成了身体魁梧、肌肉发达和声音洪亮的男子汉了。

那么，男孩子究竟应该从什么时候开始刮胡子呢？我们就来谈一谈这个一直困扰着众多小男子汉和家长们的问题吧。

1. 胡子何时开始刮因人而异，但过早刮胡子没有必要

每个人的体质是不一样的，所以何时开始刮胡子的问题也是个很个体的问题。通常情况下，男孩在13~18岁之间开始长胡子都是正常的。这时嘴唇上会长出一层黑色的茸毛，但是这层茸毛要长成真正意义上的胡须还需要相当长的一段时间，所以，这时候刮不刮胡子意义并不大。而且如果在不必要的时候过早地随意刮胡子，会刺激和加快胡子的生长，从而使胡子越长越密。

2. 乱扯、乱拔胡子很危险

有的男孩为了美观，对于新长出的胡子有些反感，所以总是想着把它们拔掉。但是，这是一种不好的习惯。男孩可能不了解，其实细小的胡须却有着复杂的结构。它是毛发的一种，露在皮肤外面的部分只是毛干，皮肤里面还深埋着毛根。毛根末端膨大部分叫毛球，毛球下面包含神经末梢和血管的毛乳头，可供给毛发营养。毛根周围有毛囊，毛发旁还有皮脂腺。拔胡子不但很疼，而且容易造成毛囊及皮脂腺损伤，使细菌得以乘虚

而入，易引起毛囊炎、皮脂腺炎，甚至危及生命。并且一般情况下，拔胡子只能拔掉毛干、毛根，拔不掉毛囊和毛乳头，胡子不久之后仍会长出来，相信拔过胡子的男孩都有过这样的经历。

3. 刮胡子的正确方法

对于胡须浓密的男孩来说，学会刮胡子也是很重要的一步。第一步先用温水洁面，待毛孔放松张开、胡须变软后再开始剃须。第二步，用剃须刀从脸颊、脖子开始，再到嘴唇周围及下巴处。注意，为了防止血液传染病，比如，艾滋病等，不要跟别人混用剃须刀。最后，剃完胡须后，用温水洗脸，着重清洗胡须的部位，再用凉水冲一下，这样有利于张开的毛孔收缩复原。再在剃须部位涂些滋润液、乳霜等，以安抚皮肤，减少刺痛。

心里悄悄话

男孩们，长胡子是男孩长大成熟的一种标志。其实，真的没必要费心劳神的去在意这个男孩都有的现象。大多数人一般要在二十岁左右才长出明显的胡须，十五六岁的少年完全没必要为那一层黑茸毛而烦恼。

为什么脖子上有个小凸起

亮亮最近总是喜欢照镜子，并且处于恐慌的状态。小庆

笑他说："什么时候变成女孩子了，跟她们一样爱美。"亮亮辩解道："你不要瞎说，你看我脖子上长出的这个小东西，真是让我烦透了。虽然它不影响我吃饭、喝水，但是它会不会是什么病变前兆啊？"小庆听罢，用手去轻轻摸了一下他脖子上的小骨头，"疼不？"小庆小心地问道。亮亮摇摇头说道："没啥感觉。"在亮亮说完后，亮亮发现小庆的脖子下好像也有，便说道："小庆，你摸摸你脖子那儿，好像跟我一样耶！""是吗？咦，真的呢！"小庆吓了一跳，心想这可怎么办。

这时，强强走了过来，说道："喂！你们在做什么呢？看起来很痛苦呢！"亮亮像看到救星一样说："强强，你来了，太好了！你可是咱们班最聪明的孩子了！我俩现在很苦恼，瞧我们脖子下长的小东西！"强强一看，便说道："这个呀，你俩完蛋啦！昨天，我在电视上看到，说这个是一种叫做肿瘤的家伙，会死人的！"当场，小庆和亮亮就吓傻了！强强看着他俩吓傻的模样，捂着嘴笑道："笨蛋，这就把你们给吓着了！以后啊，回家多学着点，告诉你们，脖子上长的小东西叫作喉结，没啥可怕的！它不是肿瘤，它是我们进入青春期的标志，放一百二十个心，因为啊，你们已经踏进了男人世界的第一步！而且长喉结只有我们男生才有哦！"强强说完之后，便溜之大吉了！亮亮和小庆互相看了看，再看看周围的女生，才放下心来。这时亮亮反应过来："小庆，强强他刚才欺负我们!"小庆这才想到,笑嘻嘻地说:"走,赶紧追他去,他是想吃吃我的拳头了,哼哼!"

男孩已经长大了,进入青春期需要面临的变化还有很多,所以没必要害羞或者不敢面对。关于喉结,男孩不要害怕,看完以下几点,男孩就会对它有个更明确的认识。

(1)喉结只是喉部甲状软骨上的一个结构部位,男女都存在,只不过由于没有足够的雄性激素的作用,一般来说女孩没有明显的喉结表现。喉结是青春期时男性第二性征的特征之一,由雄性激素及促肾上腺皮质激素使然。

(2)人的喉咙是由11块软骨做支架组成的,其中最主要、最大的一块叫甲状软骨。胎儿在两个月时,喉软骨就开始发育,直到出生后5~6年,每年不断增长,但从五六岁到青春发育期这一时期内喉软骨生长基本停止。不论男女,儿童时期的甲状软骨都一样大。进入青春期后,男性雄性激素分泌增加,两侧甲状软骨板的前角上端迅速增大,并向前突出形成喉结,同时喉腔也明显增大,几乎是新生儿的6倍,这样使男孩原先清脆的童声变成低沉而粗壮的成人声音。男子的这个性征是由睾丸分泌的雄性激素睾丸素所引起的。正常女孩的卵巢虽然也会产生微量的睾丸素,但只有男子的5%,所以一般女子不会长喉结,即喉结不会明显突出。

第3章　我的青春——青春懵懂，正视并不完美的自己

心里悄悄话

男孩们，如果你还不甚了解青春期方面的知识，一定要一边学习一边关注一下自己的变化。青春期对于男孩来说就是一个学习新课程的过程，男孩在了解知识的同时一定要懂得呵护自己的身体。

别让友谊蒙上"早恋"的面纱

下面是一位读初二的男孩写下的关于早恋的内心感受：

"我来自农村，今年上初二了，在学习上我是一个非常上进的学生，也很刻苦，一直以来成绩还可以，每次都保持在全年级前三十名。但寒假结束到校后，我们班来了一位新同学，是一个女生，她的座位离我很远，我们只说过一次话，但我也说不清怎么就喜欢上她了。难道这就是早恋吗？感情的冲动使我上课经常走神，晚上独自一个人时就想这个女生……理智上我知道应该克制，但是我却不能让自己把全部精力用到学习上去。我时常自责，我该怎样才不至于留下终身懊悔呢？"

初二的学生正处于青春期，这个阶段学生的早恋问题也比较正常。可是青春期的孩子在自我克制方面的能力还不够成熟，所以极易因此而耽误学业。现实生活中不少青年学生陷入

早恋，往往难以正确处理好学习、事业、健康的关系。医学专家热情奉劝恋爱中的男女孩子：在青春期恋爱这个问题上，要做"行动的矮子""思考的巨人"。首先要想明白爱的意义，包括责任和义务。特别要提醒男孩万万不能偷食"禁果"，发生性行为，这是一种风险性极大的行为，不仅对双方身心健康造成危害，更重要的是对你们未来的家庭幸福都会带来伤害，这种伤害的影响往往会伴随一生。

陈浩是家里的独子，爸爸妈妈为了让他好好学习，给他创造了很好的物质条件。他也很争气，从不惹祸，不仅成绩在班里名列前茅，而且还当上了班长，很多同学的家长都把他当做教育孩子的榜样。

然而上了初二以后，妈妈却发现儿子有些改变。平时，放学后陈浩总是按时回家写作业，现在却常常晚回家半个多小时，问他他就说在学校写作业了。周末的时候，儿子也不在家看书学习了，一早就出去，很晚才回家。并且还常常躲进自己的房间打电话，一打就是一两个小时，有时候还坐在椅子上发呆或者莫名其妙地发笑。这让妈妈很担心，孩子是不是精神上有什么毛病了？

后来，一个偶然的机会，妈妈去商场买东西，看见陈浩跟一个漂亮的女生牵着手逛街。看着他们有说有笑很亲密的样子，妈妈恍然大悟：儿子这是早恋了，这可怎么办才好。

男孩们，早恋从某种意义上来说也不是错误，只是对于男孩这个年龄段来说实在太早，因为你们还不具备各方面的心理素质和外在条件。假如过早沉浸在恋爱中，就会偏离原本的生活轨道，忘记自己的责任，失去奋斗的目标。而且男孩一旦遇到失恋的打击，很容易一蹶不振，在心理上造成阴影，最终毁掉自己的前程。实践表明，只要父母正确引导，这时的男孩可以控制自己的情感，可以人为地不再扩大彼此之间的感情，并能像对待其他同学一样对待自己喜欢的人，并且善于把感情转化为动力。如果身陷其中，男孩可以学会倾诉，寻求父母的帮助，一起携手解决当前的困惑。

面对早恋，男孩知道怎么做吗？

1. 不要让友情变质

随着心理和生理的成熟，青春期的男孩女孩对异性的关注度就会明显增加，彼此之间的交流也会变得频繁起来，其实，这是一种正常的心理现象，不是一件丢人和见不得人的事，这与道德品质没有关系。绝大多数青少年都早恋或单恋过一个自己喜欢的异性，关键是青少年如何正确处理早恋和男女正常交往的关系。不要过分地敏感，不要以为异性对你好一点就是爱上你了，也不要动不动就向人家表达爱意。

2. 想想后果如何

整日沉浸在恋爱里，你有没有想到你的学业已经受到了严重的影响？原本用来学习的时间很多时候被爱恋的对象所占据，因此你没心思去学习，也觉得学习没多大意思，上课注意力就难以集中。由于没有认真听讲,学习成绩就会越来越差。青少年学生要把眼光放得远一点,要用理智战胜自己的感情。毅力的真谛是战胜自己,你能战胜自己就能摆脱早恋。

心里悄悄话

早恋极容易迷失自己的内心,在该学习的年纪偏离方向。男孩们要有"好男儿志在四方"的远大理想,努力学习,充实自我,那么在未来的岁月,自己是会有大作为的,也会品尝到甜蜜的爱情果实。

是否受表白或被表白的心理困惑

初中二年级五班有个非常优秀的女生名叫王琳琳,不仅长得漂亮,更是诗情横溢,校刊上经常登载她的抒情诗歌。在参加学校文学社活动时认识了初三年级的一名男生张豪,慢慢熟识后,张豪对王琳琳产生了强烈的好感,便找各种理由主动与她接近。给她写情诗,买花送给她,为她画素描,送她上下晚自习,还给她买书买杂志,爱得轰轰烈烈。

那天,张豪写了一篇美文,其中有个句子"在我的心中产生了涟漪",他装作很诚恳的样子向王琳琳请教。然后还把自己的美文读给她听,可是王琳琳并没有什么反应。当张豪好不容易鼓足勇气向王琳琳表白自己的爱慕之情后，没想到，却被她兜头冷水泼下。她告诉张豪，自己的学习目标很明确，一定要考个重点名校。她婉转地拒绝了张豪的追求，并对他说："咱们现在年龄还小，都应该好好学习，希望你以后不要再打扰我了。"

张豪心有不甘，叫上最好的朋友来帮助自己。某个周末的傍晚，张豪和他的朋友一起找到了王琳琳。张豪的朋友着急地再次替张豪告白，而王琳琳低着头急匆匆地进了家属院。因为有保安，张豪没敢再追，和他的朋友坐在家属院大门前，失落地给王琳琳发着短信。半个多小时过去，天已昏暗，夜已寂静。对面却杳无音讯。张豪悲伤地回家了，他的朋友也叹着气走了。

这无疑给了张豪沉重的打击。看到张豪日益消沉，他的朋友劝他："哥们，别这么垂头丧气，俗话说先苦后甜，如果你努力奋斗考上了好高中，你和人家女孩才会站在同一水平线上，这样你们才有共同的语言和未来可言。现在只是初中，一切都是未知。"

于是，张豪暗暗下定决心，将被拒绝当作自己好好学习的动力，用自己的优秀来吸引同样优秀的女孩。张豪原来对上哪所高中根本无所谓，后来却一心要考本市的一所重点高中。一方面可以不辜负家长老师对自己的期望，另外，这所高中就在他初中学校旁边，今后可以方便和王琳琳继续接触。

最后的结局是，张豪还没有去上高中，对王琳琳的单相思恋情就结束了。他把全部思想和精力都用在了学习上，中考很成功，考上了理想的高中，但不是初中旁边的那所学校。

男孩们，不管是被表白，还是向他人表白，相信很多男孩都可能会出现相似的烦恼。那么合理地处理自己的心事就显得非常重要。

1. 集中注意力去学习

男孩们，我们应该明白我们现在处于学习阶段，此阶段的主要任务就是学习。早恋是正常现象，但是关键看我们怎么去克制自己。我们应该像故事中的男孩学习，把这种情感转化成学习的动力，不断提升自己，随着时间的流逝，自己变得成熟起来，年少的烦恼也就慢慢淡化了。

2. 不要耿耿于怀

男孩如果遇到表白受挫，那也不要耿耿于怀，要放下，男儿志在四方，现在是打基础的阶段，要明白不是谈感情问题的时候，放下就是解脱。如果被表白，那也要注意怎么婉言拒绝，不要粗暴地伤害女孩子的心，要鼓励她一起好好学习，不要因此耽误学业。

心里悄悄话

时间会慢慢治愈你的伤口，在你看来无法自拔的一段爱情，或许多年以后，就会变得很淡然，对当时的孩子气一笑带过。希望男孩早日走出早恋的苦恼，用更积极的心态面对自己的远方。

第 4 章
谁不叛逆——调整心态，不要总和师长对着干

孩子在生长阶段都会遇到叛逆期，出现叛逆心理是很正常的，这是每个孩子必经的一个阶段。但是，有些男孩叛逆心理程度比较严重：上课的时候总是无法集中注意力，经常与老师同学发生矛盾，处事冲动容易意气用事，动不动就冲着自己的父母大喊大叫……这些行为对于自己的成长都是极为不利的。男孩们，我们要学会克制自己的情绪，做理性男孩，不要因自己的叛逆铸成无法挽回的大错。

第4章 谁不叛逆——调整心态,不要总和师长对着干

学会与父母积极沟通

不同的生活经历,不同的教育环境,这一系列的差异给父母和子女这两代人无形中造成了很大的代沟。长久下来由于缺乏交流,父母总是担心着孩子不听话,而子女却总是抱怨跟父母无话可说,代沟太深,自己得不到理解。然而,交流是人与人之间互相沟通的主要方式,而沟通更是人与人之间增加理解的唯一渠道。沟通是打开心灵的钥匙。父母与孩子之间的关系是否和谐、民主,是否能开诚布公,平等交流,给孩子更多自由选择、决定的机会,孩子是否能理解父母的苦心、爱心,这些对孩子的成长都是非常重要的。其实,许多孩子的成功都源于能够很好地处理好与父母之间的关系。

小刚刚进初中校门不到两个月,活泼性格的他就很快适应了初中的生活,与同学相处很好,同学也很喜欢和他相处。但是生活并不都是欢声笑语,小刚也遇到了一些人际关系问题。无法想明白原因的他打电话回家,妈妈认真听了他的故事。

"我觉得既然能成为同学,说明大家很有缘分。同学之间就应该相互关心相互帮助。拿我自己来说,对一些同学很好,够朋友,如果谁遇到什么问题,我都乐于助人。但是我发现,

当自己有问题时,其他人都变得没反应。"

"我觉得有些人很自私,只想得到不想付出。"

"那你帮助别人的时候,你开心吗?"妈妈问道。

"嗯。我感到很充实很快乐。只要能做到的,我就会尽力帮助别人。"小刚说道。

"那就对了,只要你开心就行了,何必理会他人的做法呢。"妈妈接着说。

"但是我有困难的时候也想得到他人的帮助啊,我能做得到,他们为什么就不能做到?"小刚有些气愤地说道。

"在这个世界上,付出不一定和得到成正比,甚至可能成反比,只要自己问心无愧就好了,这样朋友才会慢慢多起来的。"在与妈妈的长谈中,小刚慢慢转变了看法,对付出与回报有了更深的认识。

"妈妈,谢谢你。"

"傻孩子,妈妈很开心你能和我们说心事。真没想到,儿子读了初中并没有像其他孩子那样与父母渐渐疏远,还能和父母分享心事,我感到很欣慰啊。"

男孩们,父母是最疼爱我们的人,也是我们的启蒙老师,我们长大了,自立了,难道就不屑与他们谈心了吗?确实,在一些事情方面,他们是不理解我们,是过于保守,但这不是他们的错。作为年轻人,我们要做到以良好的心态积极面对生活,主动跟他们交谈,让他们的担忧和困惑一点点消失,这样懂得沟通才能互相理解、互相支持。父母的经验是人生经验的总结，不要忽视我们的父母。他们在走过自己的童年之路、少年之路、青年之路后，已对人生有了更深层次的思考，生活已给他们提供了丰富宝贵的经验。父母对我们的种种告诫和提示，更多的不是出自书本，而通常是来自他们真实的生活。所以说，男孩如果有心事或者解不开的疙瘩，记得与父母谈谈心，寻求更好的解决办法。这样才能拉近彼此的距离，从而更好地走好人生的每一步。

那么怎样才能更好地沟通呢？

1. 懂得理解和尊重

父母不仅要为了生活在外打拼，还要关心我们的学习，是非常不容易，我们要多多理解他们。父母做的一切都是为了孩子，如果感觉父母不理解你，从而感到委屈，我们要主动去跟父母解释一下自己的想法，化解不愉快。同时我们必须要尊重父母，如果做不到这一点，对父母没礼貌，那真的是冲破了道德底线。

2. 学会换位思考

一个能站在他人角度为他人着想的人真的是非常令人佩服的。男孩们，当我们不理解父母、与父母发生冲突的时候，要学会换位思考，替他们想一想，了解他们是为了什么，有什么想法，有什么道理。这会使我们变得更加冷静和理智。

心里悄悄话

男孩们,跟父母谈心不是"长不大"的表现,懂得交流才是你逐步走向成熟的标志。在交流沟通中,说不定父母也会受到你的影响,接受一些年轻人认可的新生事物,那样,会无意中缩小代沟,增进家庭亲情。

顶撞老师就是勇敢吗

处于青春期的部分孩子,可以说是相当叛逆,不仅不把父母放在眼里,与父母吵架,在学校也总是顶撞老师,跟老师过不去,经常目无师长,出口成脏。这种行为是极为不妥的,也是不道德的表现。尊师是我国传统的美德。老师像辛勤的园丁一样为学生"传道、授业、解惑",被称为"人类灵魂的工程师"。不论何时,我们都要做到礼貌待人,尊师重道。

尊师是中华民族的传统美德,古往今来多少感人故事至今仍令人津津乐道啊!宋代学者杨时和游酢拜程颐为师,有一次他俩去请教老师,正逢老师午睡,为了不惊醒老师,两人站在门外雪地等候。当老师醒来时,雪已有一尺深,两人遍身是雪,仍然恭敬地站立在门外,这就是"程门立雪"的尊师美谈。现如今,不要求每一位学子能够做到他两人那样,但是起码的礼仪还是要有的。男孩们要记住,顶撞老师、目无尊长的人肯定是一个不会受人喜欢的人。

初中二年级有个出名的男生,他叫张子越,一直骄傲自大,自以为非常的了不起。子越很聪明,在学校的学习成绩也不错,他对数理化特别感兴趣,理科成绩比较突出。但是这个孩子性格倔强,非常叛逆,在家经常顶撞父母,在学校也时常和老师发生冲突。老师们发现一个奇怪的现象,尽管子越经常被老师请进办公室,遭训斥,但他在同学中却有很大的威望,同学们将他顶撞老师的行为视为勇敢的表现,对他很是佩服。为了弄清楚这个不正常的现象,经过一番商讨,老师们决定在校园举行"什么是真正的勇敢"的活动,意在引导孩子们了解所谓勇敢的正确观念。

在活动上,老师特别让大家不要有所顾忌,畅所欲言。一个同学说:"我胆子很小,所以崇拜那些胆子大的人。像有些同学敢和老师顶嘴,我觉得就很了不起,因为对我来说,就是刀架在脖子上,我也不敢啊。"有的同学说:"我认为那些敢和老师顶嘴的同学,就是勇敢的人,和这样的人在一起,有安全感,遇到打架的事他会帮你,不会跑掉,很讲义气……"对这些孩子的天真看法,老师只能报以苦笑。要不是这个主题班会,他还真的不了解,一个喜欢顶撞老师的学生为什么在同学之中竟然有这么高的威望。于是老师耐心地针对什么是真正的勇敢,对同学们进行了一次深刻而有意义的教育。

包括张子越在内的很多孩子,他们的是非观念还没有成熟,往往把顶撞师长作为勇敢的表现而加以推崇,这显然是错误的。当我们做师长的发现孩子的错误倾向后，能够用正确的方式从思想深处进行教育开导，对于学生是非观念的纠正起到了良好的作用，是一种值得提倡的教育方式。

男孩们，把顶撞当作勇敢真的是一种十分幼稚的行为，如果我们有张子越同学的这种想法，一定要加以杜绝，认清是非，这样才能成为一个德才兼备的好孩子。

1. 要明白老师的付出都是为了我们的前途

讲台是老师传道授业的主要场所，洒满了老师的汗水。我们要虚心学习，认真上好每一堂课，取得良好的学习成绩，这是对老师最大的尊重。

2. 不顶撞，尊敬老师，讲礼仪

见到老师要主动打招呼；对于老师的教导要虚心接受；进老师办公室时要轻轻叩门，然后开门进去，询问完问题之后懂得表达谢意……这些都是文明礼仪的范畴。

心里悄悄话

你或许是家里说一不二的"皇帝"，但却不能在学校也称王称霸。老师批评你或许有不妥之处，但下课后找老师谈谈，远比当面顶撞要好得多。这样也会加深彼此的理解，让误会烟消云散。如果你想通过顶嘴这个方法引起老师的注意，其实大可不必。课下找老师谈谈希望被他关注，希望他能够多帮助自己的想法，比顶嘴效果要好得多。

老师，您是跟我过不去吗

"为什么那些不听话的同学都能受到老师的关注，而老师总是看不到我呢？老师就是不喜欢我，那我也做个坏孩子……"步入学校，很多学生希望能够得到老师的关注，如果老师忽略了自己，就会觉得老师跟自己过不去，然后产生一系列的叛逆心理希望引起老师的关注。有的学生会明显地感受到老师的每一点情绪变化，甚至有时候还会发挥自己的想象力进行猜疑：老师对他好，对我不好；老师喜欢他，不喜欢我。这种认为老师"偏心"的孩子大有人在，带着这样的情绪，他们怎么能够和老师建立一种良性的互动呢？

亮亮是某小学六年级的一名小男生。这天下午，他回到家后就跟爸爸唠叨："张老师太偏心了，他故意和我过不去，我那么努力他都看不到我，班里的'问题男孩'都总是得到他的关注，我也不想学习了，老师就是不喜欢我……"经爸爸询问后得知，原来，因为学期将要结束，亮亮所在的班级要评选优秀进步生。班主任张老师推荐的几个候选同学里没有亮亮，这让亮亮很是不开心。

看到儿子这么委屈的样子，爸爸有些心疼。他很清楚，自从升入六年级之后，亮亮比以前还要努力，更早地去学校，更晚地回家，而且还经常帮助老师做一些事情。在学习成绩方面，亮亮也有了明显的提高，从以前的20名进入了前15名。

经过一番深思熟虑，亮亮的爸爸找到了班主任张老师，他心平气和地把亮亮这段时间的表现、努力成果和失落以及现在他不想好好学习的想法，如实地说了出来。

张老师听了亮亮爸爸的话，很有感触地说道："这段时间班级里事情很多，一方面忙着班里的事情，另一方面还要开导一些平日里问题比较多的学生，忽略了亮亮的变化。亮亮一直是个挺懂事的学生，我对他很放心，所以最近一段时间对他关注度有所欠缺，我很内疚。你放心吧，我会帮助他重新振作起来的。"

第二天放学后，亮亮回到家就兴奋地告诉爸爸："今天班主任王老师表扬我了，我也成了优秀进步生，而且张老师还希望我继续努力，下次考入班级前10名。爸爸，以后我一定要更加努力地学习，不放弃，你也要监督我哟！"

男孩们，现阶段你们的心是脆弱敏感的，所以很容易产生一些猜忌。容易出现一些心里不平衡的想法。比如，"老师上课总是提问他，而不提问我""和别人发生了争执，老师就会拿我'开刀'，简直太偏心了""我进步了这么多，老师却像没看到一样，我同桌才有一点点进步，他就表扬起来没完"……在大多数时候，其实是孩子们自己多想了，大部分老师都希望每一个学生都得到更好的发展，只不过有时候因为每个学生不同的自身条件和现实状况，老师采取不同的方法对待罢了。男孩们切忌因为自我感觉，从老师的某些地方让你不开心而去做一些冲动的事情。

1. 故意捣乱引起老师的注意

有的男孩感觉被忽视了，就故意惹是生非来博取老师的关注。男孩们，这种行为是不可取的。要为老师考虑一下，想想原因，或许老师因为班级事务的繁忙，或是因为忙于工作，我们这种方式是对自己不负责的表现，我们可以主动找老师谈谈心，或许问题就迎刃而解了。

2. 别想太多，做好自己

男孩们，不要想得太多，做好自己你就会变得更加优秀。担心的越多就会失去越多，老师并没有跟你过不去，与其胡思乱想，不如用学习来证明自己。

心里悄悄话

男孩们，大部分老师会针对不同的学生采取不同的教育方法，每个学生都是不同的个体，如果你觉得是"偏心"，或许只是你不懂得老师的用意罢了。

静一静，克制自己的冲动

青春期的孩子容易叛逆，总是我行我素，同时青春期的孩子也容易冲动，会在冲动的时候迷失自己，理智不受控制就会做出一些违反常规的事情。冲动的后果是我们无法想象的，总会带来一些不必要的损失，让人追悔。所以，如果你处于青春期，那就一定要懂得克制自己，学会调节情绪，及时纠正不良情绪，不让冲动误事。

这次开学，强强就上初二了，他感到学习压力非常大，家里父母又寄予了很大期望，所以他最近的心情非常压抑。此外，新的学期感觉自己跟不上步子，学习的知识越来越难，强强总是觉得自己不如别人，感觉自己非常努力学习了，但成绩就是不尽如人意。这时候，他的情绪开始出现不稳定，还时不时地产生厌学情绪，尤其是遇到一丁点小事就十分冲动和恼火。

一次，后面座位的小志不小心踩到了他掉在地上的钢笔，那是叔叔从外地给他带来的生日礼物，他二话没说，照着小志的鼻子上就是狠狠的一拳。当看到小志的鼻子被打出血，慌忙向水管跑去时，他呆呆地站在那里。就连他自己也无法相信，自己怎么会因为这点儿小事去打人。

不只在学校，在家里也是如此。有一次，强强上完最后一节体育课，兴冲冲地跑回家。一看，妈妈不在家，是爸爸在做饭，爸爸一向做饭很慢，他就抱怨爸爸做饭晚了，等爸爸做好饭时，说了他一句："没看我忙着吗？那么大了，也不知道过来帮帮忙，一下班回来就急着给你做饭，你怎么还要起性子来了。"爸爸说了几句，他就当着爸爸的面，使劲把碗摔到了地上。

强强自己也时常为自己的坏脾气烦恼，可是稍微有人得罪他一点，他就无法约束自己。不是说一些伤害人的话，就是动手用暴力解决问题。

强强的问题相信很多男孩都经历过或者目睹过，遇到事情容易急，不时就用暴力解决问题，结果害人害己。一个人只有明白自己的情绪，才有办法去合理地处理它，所以一个人遇到事情最好的解决办法就是保持冷静、不要冲动。当刺激过来的时候，先冷静一下，去想想外面是什么，里面是什么，中间是什么，把它们综合起来进行判断，再做出自己的反应，这时的反应应该是比较理智的，才不会后悔。冲动是可以克制的，所以男孩们要学会自我调节，不能任由自己做出一些可能悔恨终生的事情。

1. 心胸宽广一些，计较的少一些

越是计较的人，就会越容易因为一点小事而闹得不可开交。男孩们，朋友之间没有什么过不去的，没必要事事那么较真。胸怀宽广才是真正的男子汉，当一些小事纷扰了你，请你理解、豁达，这也会反映出你有着不同于别人的素质和修养。

2. 自我调节，学会掌控自己的情绪和行为

男孩们，冲动是一种行为缺陷，缺乏理智并带有盲目性，因此我们要学会控制情绪，对后果有一个清醒认识，如果因为自己的冲动造成无法挽回的后果，你想一下那是多么的可怕啊！其实，在自己学习或者生活中，遇到不如意的时候，为一

点小事而大动干戈、发脾气，既破坏了和谐的氛围，也破坏了同学间的团结。想一下，这又是何必呢？

心里悄悄话

控制不住自己？那就在发火之前给自己几分钟的时间，随后再去爆发。短短的几分钟往往会给你带来很大的转变，让你从疯狂的状态恢复到理智。静一静，深呼吸，下一秒你就能做出更好的决定。

早早把叛逆心理甩掉吧

青春期并不是你任性和狂妄的借口，每个孩子都是从不同程度的叛逆走过来的，叛逆也是成熟路上的必修课。但是别人能把控住自己，不做出一些过分离谱的事情，自己为什么做不到呢？如果任由这种情绪发展下去，这就是对自己极不负责的表现。所以说我们要学会掌控自己的情绪，必要时寻求师长的理解和帮助，更加努力完善自己，而不是自暴自弃，任由自己胡闹。

张冉冉今年13岁了，正在读初二，最近迷上了读小说，特别是一些言情和科幻类的书籍，可以说已经到了茶饭不思的地步。上课不听讲，总是分神，动辄还顶撞老师。听到老师说张冉冉的学习状况和在校表现，张冉冉的父母非常的伤心，回家之后进行了批评教育,禁止她看小说,放学回家后决定督促她好好完成作业,补习功课。

没想到,张冉冉听父母说完之后,火气更大。她冲父母大声吼着:"你们懂什么啊?我看的都是名家作品!这有利于我学习!什么都不懂,你们最好别管我!"

父母没想到张冉冉竟然这么不尊重自己,情急之下更加严厉地责备起张冉冉来。然而张冉冉呼哧呼哧地喘着粗气,不屑地看了父母一眼,摔门就进了自己的房间。

张冉冉知道,父母担心的是她会看不健康的书。于是她特意拿着言情小说,故意让父母看到,在他们面前扬长而过。看到当时父母或者无可奈何或者强忍怒气的样子,张冉冉总是觉得内心充满了报复后的快感,但是回到自己的房间之后,她又觉得挺失落的。

陈翔,是一名初二的学生,在班里担任中队长。陈翔以前是比较乖巧听话的孩子,学习成绩也一直不错。可是,最近妈妈发现陈翔"越来越不听话了",主意多得很,经常像故意跟父母"对着干"似的,而且越来越倔强,不肯认错和服输。

曾经有一件事情令父母伤心不已:陈翔的一位同学过生日,准备邀请几个同学一起到肯德基庆贺一番。陈翔的爸爸、妈妈心里不太愿意儿子跟那几位同学交往,认为那几位同学不求上进,而且是学校里知名的"小混混",吸烟喝酒,染发烫发,不务正业。所以爸爸妈妈坚决不愿意儿子总是跟他们混一起,生怕把孩子带坏了。陈翔则认为妈妈对同学有偏见,说爸爸妈妈"老土"，坚持要去参加同学的生日聚会。爸爸、妈妈见儿子不听劝告也很生气，感觉儿子长大了，什么都不听，真是操碎了心。没想到，陈翔竟然说："我就去，我再也不愿意见你们了，什么事情都要管着我。"陈翔的妈妈看在眼里，急在心里，她不明白平时一贯听话的儿子怎么越来越不听话了。

男孩们，确实，有的父母有时候教育方式不对，会导致自己的叛逆心理越来越重，产生报复心理，就越发地疏远他们。但是我们想想，父母做的一切都是为了自己。如果总是跟他们对着干，跟自己的家人都能如此计较，那我们是不是太累了？所以说，多反思一下自己，站在他人角度考虑一下，克制自己的脾气，与父母老师多多交流，让他们知道自己的想法，尽早摆脱叛逆心理吧！

1. 我们要明白"理解万岁"

只有懂得了理解，才能更好地沟通，只有沟通才能冰释所有的误会，拉近彼此的距离。学着从积极的意义上去理解大人，父母的啰唆、老师的批评都是善意的，知道他们的出发点是好的，是出于对你的关心。而老师、父母也是人，也有正常人的喜怒哀乐，也会犯错误，也会误解人，我们只要抱着宽容的态度去理解他们，也就不会有逆反心理了。

2. 多多提醒自己

男孩们，我们已经长大了，不是小孩子了，遇到事情不要总是由着性子来，要学会克制自己，多多地提醒自己，虚心接受老师和父母的教育。要知道,退一步海阔天空,突显自己的个性并非是通过与他人的对抗来实现的。能够做到自我约束,懂得做事的分寸,这就是不断成熟的表现。

3. 适应环境,学会调节

男孩们,我们要不断提升自己的心理适应能力,多参加一些集体活动和娱乐活动,在与人交往中不断改善自己,学习他人的优点,展现自己的闪光点,这样才会更好地实现自己的价值,在自己的进步中不断克服逆反心理。

心里悄悄话

男孩们,逆反心理不仅是一种正常心理,也是一种心理问题,有着两面性。积极的逆反心理是一面明镜,如果能加以正确地利用和引导,就能够收到良好的教育效果。但是逆反心理也给家庭教育、学校教育带来了一系列问题,需要很好的解决。男孩不可以对自己听之任之,认识到其危害也是很有必要的。

第 5 章
拿出勇气——做一个心向阳光、所向披靡的勇士

"留得英雄豪气在,哪怕坎坷路不平?"勇气彰显着一个人的刚毅与坚韧,有勇气才会更有力量去突破未知的难关。男孩们,有时候看似无法战胜的困难,其实就是一扇虚掩的门,没什么大不了的,只不过它考验着一个人的胆量到底如何。有勇气的男孩会主动为自己的过失买单,有勇气的男孩会有一种敢于挑战的野心。男孩们,不要怕,相信自己一定是一个心向阳光、所向披靡的勇士。

第5章 拿出勇气——做一个心向阳光、所向披靡的勇士

敢于说不，也是一门艺术

男孩们，是否遇到过这种情况：很多时候，面对他人请求自己去做一些违背自己原则的事情却不懂得怎么拒绝，不敢说"不"，也说不出口，总是觉得不好意思，一次次勉强自己去做一些不喜欢的事情，最终感觉自己好像成了街角的垃圾桶。其实，很多人都遇到过类似事情，或因为自己的虚荣心，或因为面子过不去，这时候我们最需要的就是勇敢，勇敢地说一声"不"。

肖潇是个不懂得拒绝的孩子，在肖潇看来，要开口对别人说"不"实在是太难为情了。于是，每次同学有麻烦都喜欢找他："嘿，肖潇，把数学作业借我抄抄！"

"我……"

"哎呀快点，老师要来了！"

其实肖潇想说的是"你还是自己做吧，我不借你"。可同学一催促，肖潇还是把作业借出去了。这天回到家，爸爸了解情况后给肖潇讲了自己年轻时候的一件事情："当时我刚参加工作不久，我的伯父来看我，我陪着伯父转了转这个小城，到了吃饭的时间。当时我身上只有65块钱，本来想找个小餐馆随便吃一点，可没想到伯父他却偏偏进了一家很高档的餐厅。

爸爸没办法，只得硬着头皮随他走了进去。我们坐下之后开始点菜。当伯父征询我的意见时，我只是含混地说：'随便，随便。'其实，我心里当时七上八下的，只怕带的钱不够。可是伯父似乎没有注意到我的不安，他不停地夸赞着可口的饭菜。结账的时刻终于来了，侍者拿来了账单，径直向我走来。我看到账单之后，很窘迫地低下了头。伯父笑着接过账单，把钱递给了服务员。然后对我说：'我一直在等你说不，可你为什么不说呢？要知道，有些时候一定要勇敢地把这个字说出来，这是最好的选择，我来这里，就是想让你知道这个道理。'"

经过爸爸耐心地讲解和分析，肖潇终于想明白了事态的严重性，爸爸教育肖潇的这一课对所有的孩子都很重要，在该说"不"的时候要勇敢地把"不"说出来，否则就将陷入被动的境地。

楼下的一个小伙子叫张宇，跟丽丽是老乡，这天他发信息说要去丽丽那里借她的那一套故事书看一看，这套书是丽丽生日那天别人送给她的礼物，而且一直非常喜欢，虽然看了好多遍，但是仍保存得非常完好。因为知道张宇平时很马虎，而且并不是有心看书的人，丽丽本想拒绝，最后却没说出口，结果张宇把书送回来时果然少了一册，丽丽怪他不是，不怪他也不是。最终丽丽只好怪自己。

面对他人的要求，自己不愿意去做可是又放不下面子来，这可真是让丽丽觉得难为情。纵然自己一千个不愿意，可还是答应要给人家，那就只好打掉牙往肚子里咽了。很多人事后往往后悔："不答应就好了，也不会搞得这么累！还费力不讨好！""当初实在应该拒绝的，可就是说不出口！"如果不会拒绝，只会一味地接受，就会给他人留下"好说话"的印象，你就被人生擒活捉了，今天你接受了对方无理的要求，来日你便拒绝不了其他的要求。

其实我们应该明白一个道理，拒绝不是代表着你人品有问题，也并不是你待人冷漠无情。如果为了你的不敢面对，总是难为自己，做一些自己不喜欢的事情，那么你的内心也会非常压抑。

1. 坦白你的真实情况

谁都有难为情的时候，人人都会有不得已的苦衷，如果你好好坦诚地跟对方讲明白，相信对方会理解你的。坦诚相待而伤害交情的并不多，倒是有的人说话含含糊糊，模棱两可，反而容易引起别人的误会，造成彼此关系的破裂。

2. 不要拖延，让他人误会

为了不伤害别人，我们最好及早地去告知别人你的态度。否则，你一直给他人希望，不明确表态，对别人伤害更大。要据实向对方表明你的态度，好让对方有所准备，去另作安排。

心里悄悄话

拒绝是一门艺术，我们不仅要懂得坚守自己的原则，不要被不喜欢的事情勉强，还要懂得怎么去拒绝，说出的话不会伤到他人，男孩能做到这一点，就代表着自己不断走向成熟了。

有时困难只是一只纸老虎

困难都会过去，过不去的只是你的内心。

男孩们，其实从生活中我们可以看到这样的现象，面对困难有的人被彻底击垮，一蹶不振，而有的人却能汲取教训，重新来过。是啊，对于一个没有勇气的人来说，困难是无法到达的彼岸，是无法攀登的高峰；对于一个勇气可嘉的人来说，困难只是暂时的磨炼，是对自己最好的证明。在人的一生之中，难免会遇到或多或少的阻力和困难。有些人稍微遇到点困难和麻烦，就不断地抱怨，感到沮丧，摇头说："我不行，我解决不了。"对他们而言，只要是有困难的事情就是办不到的。他们习惯高估困难，从而给自己的无能盖上一块遮羞布，为自己的懒惰搭上一张温床。而所有那些把困难高估的人，无一例外地都把自己划分到了失败者的行列中。其实，男孩们，很多时候人们总是去夸大困难的程度，本来简简单单就可以突破的事情，人们总是在内心假想出脱离实际的恐惧。世上无难事只怕有心人，困难只是一只纸老虎，你怕它，它就会凶猛，你不怕它，仅一指就可捅破。

如果一生面临无数次的打击与失败，你会怎么做？是坚

第5章 拿出勇气——做一个心向阳光、所向披靡的勇士

持还是放弃呢？或许从林肯身上你能学到很多很多。1832年林肯失业了，此刻的他可以说是生活非常困难，随后他打算好将来要走从政的道路，可是在竞选的过程中他还是失败了。短短一年的时间，面临的是双重打击，或许对于谁来说都是非常难以接受的。没过多久他想要开始自己创业，创办自己的一家公司，可是，他的创业之路也没坚持一年就以失败而告终。接下来的一二十年里他还是不断地在经历着失败，经济困难的他到处奔波，可以说是体味到所有的人间苦楚。此间，他再一次决定竞选州议员，这次他终于成功了。他认为生活可能有了转机，可就在离结婚还差几个月的时候，未婚妻不幸去世。他心力交瘁，卧床不起，患上了严重的神经衰弱症。1838年，他觉得身体稍稍好转时，又决定竞选州议会长，可他失败了；1843年，他又参加竞选美国国会议员，但这次仍然没有成功……

男孩们，面临如此多的波折，有谁还能去坚持，去实现梦想呢？失败了，他继续；痛苦了，他坚持。开公司，公司倒闭；参加竞选，一次次失败；准备结婚，未婚妻去世……似乎一切总是要跟他过不去。所谓天将降大任于斯人也，1846年，他终于成功了，他在一次竞选中成功了。在以后的日子里，他仍在失败中奋起，一次又一次地努力，最后，1860年，他当选为美国总统。林肯一直没有放弃自己的追求，一直在做自己生活的主宰，他用不败的精神迎来了成功。他以自己的经历告诉我们：成功不是运气和才能的问题，关键在于适当的准备和不

屈不挠的决心。面对困难，不要退却，不要逃避。林肯压根就没有想过要放弃努力。他不愿放弃，也从不言败。

男孩们，林肯总统面临如此大的波折都能一路走过来，取得人生的新辉煌，我们那一点磕磕碰碰与之相比又算得了什么呢？只是一些看着害怕的纸老虎罢了，轻轻一戳就可捅破。是啊，看似无法战胜的困难，有时就是一扇虚掩的门，只要我们有勇气，有毅力，就没有过不去的火焰山。

1. 要有勇有谋

勇气是需要不断锻炼的，多去尝试一些自己不敢做的事情（这里不包括那些危害身心健康的事），敢于突破自己。智慧非一日可得，需要男孩日积月累，多学习身边有经验的人处理问题的方法，多去看书增加自己的知识量。

2. 坚持才能胜利

半途而废的人是做不成什么大事的，有自己的理想就要付诸行动，不断坚持才能取得成功。如果我们遇到一点点的困难就放弃了，那么到最后将会一无所获。

心里悄悄话

在生活中，每个人都会遇到各种各样的难关。此时，我们只有两种选择：要么逃避，要么咬紧牙关挺过去。显然，任何人都应该作第二种选择。因为，只有挺过去，才能为自己赢得机会——重生的机会！

第5章 拿出勇气——做一个心向阳光、所向披靡的勇士

敢于承担责任才是真正的男子汉

我们知道,一个有道德的人是会做到为自己行为负责的,如果事事逃避,那么这个人也得不到他人的尊重。每个人生活在这个世界上都被赋予着一定的使命,因此,我们对人、对事要秉持一种高度负责的态度。不要放过自己的过失,勇敢一点,懂得为自己的行为买单。男孩们,在学习和生活中我们要胸怀责任心,敢于承担重任,遇事不退缩,勇敢向前,做一个有担当、有信仰的男子汉!

爸爸正在家里修理电视机,突然听到外面有孩子哭哭嚷嚷地走进了院子,没想到是儿子丁丁。没有等到晚上放学,丁丁就哭着回到了家,送他回来的是学校里的一个伯伯。丁丁的爸爸问学校里的伯伯,这到底是怎么一回事?

伯伯就坐在院子里跟丁丁的爸爸讲述事情的经过。他说,放学前小朋友们排队,可丁丁根本就不好好站,总是窜来窜去的,结果不知怎么,和一个同学起了冲突。老师批评了丁丁几句,他就开始哇哇地哭个不停,还跟老师嚷嚷:"我没错!我没有打他!"

听完事情的经过之后,爸爸向伯伯道了谢,然后拉着丁丁进了门。"怎么回事?"爸爸看着两眼哭得红红的丁丁问道。

"我不小心和强强撞了一下,结果强强就使劲儿地推我,我踢了他一脚,强强哭了,老师就批评我。"丁丁脸上挂着两行泪珠,补充说道:"是他先推我的!"

丁丁一股脑地埋怨强强的错,埋怨老师的错,等他说完之

后,爸爸让他先静下来,语气平和地问丁丁:"难道你一点责任都没有吗?"

"没有!不是我的错!是强强先推我的!"

看来丁丁还是不肯承认自己的过失,爸爸随后就问:"好,现在我问你,如果你好好按照老师的要求排队,不乱跑,你能不小心撞到别人吗?你没有撞到强强,强强会推你吗?"这时候,听完爸爸的话,丁丁默不作声了。

爸爸感觉到丁丁有意识承认自己的错误,开始反思自己了,于是,爸爸就教育丁丁:"现在你再仔细想想,你一点责任都没有吗?你是男子汉,记住,不要把什么责任都推到别人的身上!遇事仔细想一想,为什么别人会这样对你,你是不是做了什么不对的事情。"

爸爸最后对丁丁说了一句话:"你得学会对自己的行为负责!知道你应该怎么做了吗?"

丁丁用力地点了点头,说了一句:"爸爸,我知道错了,这件事也有我很大的一部分原因,我会跟老师和强强承认自己的错误,学会为自己的过错负责,并且会跟他们道歉。"

听完丁丁的话,爸爸欣慰地笑了。

男孩们,不要以为现在还小,把自己的过失看得无所谓,否则,等到酿成大错的时候你就会追悔莫及。

1. 敢于从自身找原因

一个勇敢的男子汉,要敢于正视自己的错误,那样才是真正的男子汉。不要总是推来推去，埋怨别人，试想一下，自己真的没有一点错吗？男孩们，生活中不免有一些小摩擦，如果我们真的错了，那就勇于正视自己吧，推及他人，伤害友谊，也会造成别人对自己不负责任的反感。

2. 培养自身的责任感

男孩们，我们都已经长大了，所以不要事事依赖父母，要有责任意识。平日里多帮家里做些家务，在学校努力学习，遇到事情不要退缩，多想想解决的办法，这样一点一滴培养自己的责任意识。

心里悄悄话

如今独生子女比较多，各方面条件都受到最好的优待，往往会养成任性、自私、不合群等不良行为，很多事情都要由父母包办代替。其实，男孩们应该去做一些力所能及的事情，在这过程中，自然而然就会树立起一种责任意识，促进自己责任心的发展及养成良好的习惯。

大胆一点，敢于尝试新事物

在学生时代，陈娇和张敏是宿舍里的好朋友，都喜欢网球，但是由于各自性格差异，所以呈现出了不同的发展水平。

陈娇的网球打得不好，所以总是害怕输，而且容易紧张，在球场上不敢与人对垒。有一次她跟室友一起打着玩，后来球场上去了很多同学都在周围观战，一时间多了这么多的观众，陈娇当场就乱了阵脚，不知如何是好，最后打得乱七八糟，满脸通红，总以为周围的人在笑话她，所以她一直不敢突破自己，只是偶尔人少的时候去玩几次，至今她的网球技术仍然很蹩脚。

张敏的网球打得很差，但是她从不觉得有什么丢人的，她觉得不会就要多多练习，这样才会取得进步，有时候她招呼陈娇去打球，陈娇不去，她就去场地上跟其他班级的同学一起练习。她从不怕被人打下场，刚开始的时候总是出现错误，打得很差，惹得周围一片笑声，但是她也是一笑带过，越输球越打，然后还经常和那些有经验的学长请教技巧，平日里也喜欢去观看他们的比赛，后来经过自己的不断努力和学习，她终于成了令人羡慕的网球手，成了大学网球代表队队员。

我们在学习中何尝没遇到过这样的问题呢？很多同学面临喜欢的东西或者新鲜的事物不敢去尝试，没有勇气，总是表现得非常怯懦，最后什么也学不会。另外有的同学在学习上遇到难题，总是害怕开口问老师或同学，因为他们怕出丑，怕被笑话，于是问题越积越多，最后直接就跟不上他人的脚步了。男孩们，我们要记住，每一个人并不是生下来就什么都懂，什么都会，都是在一次次的出丑与失败中练就出来的。所以说，遇到事情，不要害怕，敢于尝试，出丑只是暂时的，之后学到的东西才是一生的财富。

第5章　拿出勇气——做一个心向阳光、所向披靡的勇士

有些人真的是值得我们钦佩和赞美，因为他们不服输也不怕输，勇敢地面对自己的不足。哪怕是自己在大众面前丢了脸面，他们仍然非常洒脱并一笑置之。就有这么一类人，他们还没学会反手球和正手球，就勇敢地走上网球场；他们还没学会基本舞步，就走下舞池寻找舞伴；他们甚至没有学会屈膝或控制滑板，就站上了滑道。勇敢和努力，会让你收获更多。

还有一个故事也是讲述的这个道理。

曾经有一个敢作敢为的姑娘，她只会说一点点法语，却毅然飞往法国去旅行。虽然人们曾告诫她：巴黎人对不会讲法语的人是很看不起的。但她坚持在展览馆、在咖啡店、在爱丽舍宫用英语与每个人交谈。当被问到不怕结结巴巴出丑吗？她非常坚定地说："一点也不。"

因为她发现，当法国人对她使用的虚拟语气大为震惊之状过去后，许多人都为她的"生活之乐"所感染，热情地向她伸出手来，从她对生活的努力态度中得到极大的乐趣。他们为她喝彩，为所有有勇气做一切事情而不怕出丑的人欢呼，这类人还包括那些学习对他们来说并不容易的新学问人。

男孩们，你此刻是否感觉学到了些什么呢？生活中有些男孩由于不愿成为初学者，就总是拒绝学习新东西。因为强烈的自尊心作怪，他们害怕失败，害怕丢人，所以宁愿闭塞自己的机会，限制自己的乐趣，禁锢自己的生活。想一下，真的没必要，放下自己的心理包袱，勇敢一次吧！

1. 成功不怕尝试的多

"不不不,我可做不到,别让我做这些。""这个怎么可能实现呢,开玩笑吧?"不去尝试,为什么就给自己下了做不到的定义呢?这就是一种消极逃避的心理,它会严重阻碍我们前进的道路。我们都不是完美的人,总有自己做不到的事情,但是只要我们多去尝试,多去学习,我们就能够在挫折和失败中变得更加聪明,更加坚强!

2. 增强学习能力

俗话说"技多不压身",是的!我们还年轻,多学点东西还是非常有必要的,更何况大家还都提倡"活到老、学到老"!男孩们,我们不仅要学好科学文化知识,还要懂得多学点才艺,这样才是一个全面发展的人。

心里悄悄话

由于害怕出丑,我们也许会失去许多生活机会而感到后悔。我们也应该记住法国一句谚语:一个从不出丑的人,并不是一个他自己想象的聪明人。大愚若智,积愚成智,生活的哲学就是这样。

我是勇士,不是胆小鬼

男孩们,你是否有以下这些情况:

上课时,老师提问,我不举手,不懂的问题不向老师求教,

第5章 拿出勇气——做一个心向阳光、所向披靡的勇士

因为我害怕；晚上不敢自己在家，总是胡思乱想，因为我害怕；不敢一个人处理问题，事事都想着依赖爸爸妈妈，因为我害怕；受到冤枉的时候不敢出声，被人欺负的时候不敢反抗，因为我害怕……

不知道类似的事情说中了多少人的心，胆小，让你失去了生活中太多的美好。男孩们，要记住，自己要努力做一名勇士，而不是一个胆小鬼。

赵小军家境比较好，又是家里的独子，所以备受宠爱，可是有一点，他的胆子非常小，生性有点怯懦，再加上爷爷对他事事包办，所以从没吃过苦。上初中、高中的时候，他就感觉到自己的不同，可是仍没有决心改变自己的性格。一直到赵小军上了大学，他发现宿舍里的哥们都是"勇士"，好像就他一个人是"胆小鬼"。张扬独自一个人从遥远的北方来到南方读书；李强在爸妈的强迫之下选择了自己不喜欢的法学专业，上了大学后他自己开始攻读另外一门专业。萧寒更了不起，因为家里的条件不是很好，他就自己打工赚钱交学费。有时候赵小军觉得自己除了埋头学习什么都不会，简直是一无是处。于是他决定改变自己胆小的性格，让自己换一种活法。

时间过得真快，到了毕业的季节，这时候家里又托关系给赵小军找了一份比较舒适的工作。其实经过四年的大学生活，小军已经不再是原来那么胆小的他了，他拒绝了父母的好意，决心靠自己打拼出一片属于自己的天空。他和宿舍里的两个好哥们打算一起创业，在市里的一个路段开了一个小超市，半年

下来，赵小军的小超市已经经营得像模像样，还发展起来了多家连锁店，摇身一变做老板了。

有一年同学聚会，朋友相聚大都聊聊各自发展得如何，是否婚嫁之类的话题。当大家得知当年那个什么事情都不敢尝试的胆小鬼竟然自己做了老板，都感到非常吃惊。本以为他会毕业之后听从父母的安排稳稳地做个白领，没想到竟然有魄力自己单干做了老板。大家都对他感到非常的敬佩，一起聊着这些年发生的点点滴滴，玩到很晚才纷纷散去。

男孩们，如果赵小军没有走出自己一直的胆小阴影，恐怕现在也不会拥有人人都羡慕的成功事业。任何一个人都想过着自己想要的生活，任何人都不想由于自己的胆小让自己后悔莫及。那么如何驱走让我们懊恼的这只"胆小鬼"呢？

①自信是成功的基础，克服胆小怯懦，首先要自信；
②多交朋友，学会与人交往，散发自己的活力；
③锻炼自己的胆量，尝试新鲜的事物；
④多在公共场合练习发言，表现自己。

心里悄悄话

不要因为胆怯让机会白白溜走，我们只能落个"无可奈何花落去"的悲伤心境。要时刻给自己打气，时刻对自己说：我能行，我是最棒的！相信自己的实力，展现自己的优势，挖掘自己的潜力，认准目标，怀着必胜的决心，积极进取。

第6章

我最出色——你不完美，也没有必要变得完美

不相信自己，终究会埋没自己，因为自信是成功的基石。成功往往偏爱那些拒绝接受"不可能"并相信自己能力的人，假如自己都不相信自己，那么我们还指望谁来相信自己呢？男孩们，世界上的男孩有很多，但是你自己却是独一无二的，纵使你不是完美的，但是你却是那个不一样的。只要善于挖掘自己的"宝藏"，相信你一定能创造更多的惊喜。所以说，正视自己，相信自己，让自己发光发热吧！

第6章 我最出色——你不完美,也没有必要变得完美

自信,是成功的基石

一个拥有自信的人,时刻会散发着耀眼的光芒。信心是前进的动力,是成功的基石。很多时候,面临人生困境,打垮自己的,不是别人,而是你自己。你所经历的挫折与失败都是成功之前在所难免的挑战,没有一世的平坦,只有顽强坚守的意志与信心。相信自己,我能行,不要怕,你的信心会让你一路披荆斩棘,不断突破。

时间过得很快,肖志军马上就要参加中考了。班主任老师问他:"你认为自己明年能考上重点高中吗?"此时,肖志军摇了摇头,老师又问他:"为什么呢?你怎么知道自己考不上呢?"他给老师的回答是:"我没有这个能力,因为每次考试我都考不了前10名。"

听到肖志军说的这番话,班主任老师笑了。他摇了摇头对肖志军说:"你真这么想吗?你听过跳蚤的故事吗?跳蚤本来可以跳三尺高,可是它却跳不过三寸高的杯子,你知道这是为什么吗?"肖志军感到很困惑,不知道什么原因。这时,老师告诉他:"有科学家曾经做过一个有趣的实验,他们把一只跳蚤放在一只杯子里,然后在杯口放了一块玻璃,这时,跳

蚤使劲一跳。结果头重重地碰到了坚硬的玻璃。跳蚤不甘心失败,又跳了一次,可结果还是没有成功,在经过了无数次的碰壁之后,科学家把玻璃拿掉,可是这只跳蚤还是跳不出杯子。这是为什么呢?"肖志军想了想告诉老师:"这只跳蚤由于受了很多次挫折,它已经认定了自己无论如何也无法跳出这个杯子。"

肖志军能认识到这一点,老师感到非常的高兴。班主任老师说道,"我希望你不要像那只跳蚤一样,受到了一些挫折和失败,就对自己失去了信心。"听完老师的教诲,这时肖志军感到受益良多,要有自信,才有可能突破自己,取得更大的成绩。

生活中有很多人跟那个跳蚤一样,我们又何尝没有这种情况呢?男孩们,很多时候我们并不是因为要完成的任务比较艰难才让自己失去了自信,而是因为我们自身缺乏自信,才让我们失去了把事情做成功的能力罢了。所以说,满怀信心地对自己说一句"我能行,我是最棒的",这样你才会发现接下来的你有着无法想象的优秀。

1. 大众面前敢于表现自己

很多男孩很怯场,在公众面前不敢说话,上课也不敢举手发表自己的看法,这是一种不自信的表现。男孩们,我们要学会锻炼自己,这是培养和锻炼自信的重要途径。其实,学习中我们有很多机会可以锻炼自己,比如上课积极回答问题,积极参加校园活动、演讲比赛或娱乐活动等。面对机会,要主动争取，上台锻炼自己，时间久了，就不会害怕当众讲话，那么你的自信就会慢慢地培养起来。

2.要保持良好心态

心态好，才不会自暴自弃；心态好，才能更永恒地坚守自己的目标。男孩们，我们要保持良好的心态，让行动有个积极的引导者，这样才会做得更加出色。比如期末考试，考得好，我们就要再接再厉，如果失败了，就要乐观向上，不畏惧，争取下一次的成功。

心里悄悄话

生活中走不出自卑的人真的太多了。或者没有信心，或者信心不足，或者过度自轻自贱。自卑就像是一种"病"，束缚着我们的精神意志，让心中弥漫着一层阴云。克服自卑最好的方法就是不断努力，提高自身的能力，所以，只有给自己的信心充电才能有所改观。

你是否是一个行动派

"相信自己，我能做得更好。"这是一种信心与激励，但是你还要懂得去努力付出，所以，有了信心，我们就要付诸行动，这样才能实现自己的目标。

生活中，总能听到这些使人反感的话，"某某某长得越来越丑了""这孩子怕生，说话像蚊子似的""那个孩子怎么那么磨叽，做点事情半天也弄不完，真是急死人了""这孩子整天都无精打采，一点儿也不活泼"，等等。很多孩子因为心理的敏感而变得非常难过，觉得自己非常差劲，从而也和别人一样看不起自己，从而变得越来越消极。其实，男孩们，如果遇到这种情况，就让这些恶语随风而逝吧，没必要太在乎他人的看法，与其与他们生气，还不如通过努力让自己更加优秀，这才是最重要的。

小振今年上初一了，新的环境不仅没给他带来多少快乐感，还让他感到非常的烦闷，因为班里同学总是笑话他是小胖子。小振从小爱吃零食，也比较懒惰，还带有一定的遗传因素，像爸爸一样有些偏胖。妈妈一直鼓励他多多锻炼，可是他总是坚持不下来。面对儿子的烦忧，妈妈也在一直给他寻找办法。

一个星期天，小振的小叔和小婶来家里玩，小叔是小振崇拜的偶像，小叔长得英勇帅气，这些年一直在上海做生意，可以说是一个成功男士，小振也盼着有一天能成为小叔这样的人。

这一天，家里准备了好多好吃的，小叔到来的时候把小振简直乐坏了，时时刻刻在小叔周围询问外面的世界。当谈起自己的学习时，小振把自己的情况一一告诉了小叔，坦言自己的悲观思想。这时，小叔就耐心地给小振讲他年轻时候的故事，小叔说:"叔叔小时候跟你一样,也是胖胖的,受到同学的嘲笑。后来叔叔明白了一个道理,你如果什么都不做,那么你永远被人笑话,永远都无法自信地面对生活。所以,只要有时间,叔叔就去锻炼自己,多参加体育活动,注意饮食健康。慢慢地,叔叔也成了帅气阳光的小伙子。从此之后叔叔变得更加有自信,因为你不努力、不行动,你永远不知道自己能做得有多好,永远无法看到最优秀的自己。"

听完叔叔的一番话,小振真的是大彻大悟,终于明白了,一个自信的人必须是一个行动派,不懂得努力改变自己,只会让自己越来越悲观。要以叔叔为榜样,面对现实,改变自己。

陈诚是一个努力的孩子,但是平日里不善言辞,他已经上初二了,学习成绩总是在班级的中游。每次考完试,妈妈就和他唠叨:"你看楼上莉莉,又是第一名,你呢?"陈诚非常讨厌妈妈的说法,每次面对妈妈的责骂总是非常难过。最严重的一次他居然连饭都不吃了,跑到自己的房间里哭了起来。

这时,陈诚的爸爸回来了。知道事情的经过后,来到儿子的房间,摸着儿子的头说:"怎么了?又没考好?我看看!"爸爸拿起了成绩单说:"不错嘛!你看看,你的各科成绩在全班挺靠前的呢,就是语文差了点。"陈诚听了,坐起来看了看成绩单,说:"是的,一直都是语文拖了后腿!"爸爸又说:"你可以想一下,既然每科你都学得不错,为什么不抓紧时间补补语文呢?这样你的综合成绩上去了,全班的名次就会靠前很多的！"陈诚说："嗯，我一直也想多下点功夫，可就是不知道怎么学好语文，很努力，但是每次成绩都不好。"爸爸这时对儿子说："既然自己感觉没头绪，无从下手，你就应该改改你的性格，活泼一点，多去跟语文成绩好的同学和老师请教，问问他们怎样学好语文，另外，课外多读一些文学著作，增加文学修养，点滴深入，才能取得好的成绩。"说完，陈诚非常开心，感觉是自己太没有自信了，平日里也不敢去跟老师和同学请教，就算有想法也不去付出行动。认识到这一点，陈诚下定了决心，高兴地跑出去吃饭了。

男孩们，相信自己的能力，坚持自己的付出，你就会成为超乎想象的自己。

1. 一步一个脚印

男孩们，世上无难事只怕有心人，只要你肯一步一步踏实地努力，就没有过不去的坎儿。所以，没有办不成的事。蜗牛不相信自己的缓慢，一步一个脚印地朝自己的目标爬行，终于到达了自己的目的地；蚕蛹不相信坚硬的外壳，每天努力一点，终于获得了破茧重生的光明……在生活中，也许你没有一个好的开始，但只要你一步一个脚印，每天努力一点，你终会获得成功。

2. 做一个勇敢的男子汉

男孩们，我们已经不是父母怀里的小宝宝，我们已经成长为一个男子汉，所以我们要勇敢。遇到问题，不要总想着我不敢，

第 6 章　我最出色——你不完美，也没有必要变得完美

我害怕，要敢于去挑战自己，相信自己可以做到，这样才会有前进的可能。勇敢一点，迈出自己的脚步，突破一个个不可能吧。

■ 心里悄悄话

路在脚下，只要你一步步的前行，才能离目标越来越近，才能看到前方的希望。男孩们，我们不要去夸大问题的难度，缩小自己的能力，这样你将什么都做不到。

缺陷不是你放弃的理由

海伦·凯勒，有着一个传奇的故事，一个曲折的人生，她的经历至今为人赞叹，为人折服，可以说是创造了一个奇迹。她一岁半时突患急性脑充血病，连日的高烧使她昏迷不醒。当她苏醒过来，眼睛烧瞎了，耳朵烧聋了，嘴巴也不会说话了。生命里没有了光明，也没有了声音，这是常人想都不敢想的磨难，然而她却成为了一位伟大的女作家、教育家、慈善家、社会活动家。

生活中，多少人因为自己的缺陷而自卑的抬不起头，多少人因为点滴的困难而痛不欲生。是啊，相对于海伦·凯勒的命运，这又算什么呢？所以，不要夸大自己的悲痛，缺陷不是你放弃的理由，你需要做的就是大力向前迈进。

对于一个多方面残疾的小女孩来说，世界是一片黑暗和寂

105

静。我们可以想象能活着都需要很大的勇气，何况是学习生活呢。但是海伦·凯勒却做到了，她敢于正视自己的缺陷，不放弃自己，一点点地接触事物，感受生命。在海伦·凯勒7岁那年，她的父母请来一位受过专门训练的莎莉文老师，这位老师的到来，对海伦·凯勒在以后的生活中摆正自己的位置，正视自己的人生起到了很大的作用。

有一天，莎莉文老师要开始教她学习具体事物的写法，开始学习"水"这个字。可是无论如何，海伦·凯勒总是分不清"水"和"杯"的区别，弄不明白其间的关系。莎莉文老师觉得确实有困难，于是就带着她到水边，让水流从她的指尖流过，接着就在海伦·凯勒的小手上写下这个"水"字。聪慧的海伦·凯勒牢牢记住了老师传授自己的这个方法，然后面对自己失明和失聪的现状，认真去摸索自己学习的方法和与他人交流的方式。

莎莉文老师觉得，心里能知道字是怎么写的，可是不懂得说又怎么能行呢，这样怎么沟通呢？从小失聪又失明的海伦·凯勒，一来听不见别人说话的声音，二来看不见别人说话的口型，所以，尽管她不是不能说话的哑巴，却也没办法说话。为了解决这一现状，莎莉文老师替海伦·凯勒找了一位专家，教导她利用双手去感受别人说话时嘴型的变化以及鼻腔吸气、吐气的不同，来帮助学习发音。我们可以想象，这是一项多么艰巨的任务啊，无论对谁来说，都是非常困难的，甚至是不敢相信的事情。可是，海伦·凯勒努力摆正自己的心态，克服了在旁人眼中不可逾越的困难。终于，她做到了，经过摆正自己当前的位置，正视自身缺陷的海伦·凯勒成功了。

海伦·凯勒的励志故事可以说给当时及后来的人们带来了很大的鼓舞与动力。海伦·凯勒，除了突破官能障碍学会说话，更奉献了自己的一生，四处为残障人士演讲，鼓励他们肯定自己，立志做一个残而不废的人。

男孩们，在你否定自己的时候，你应该想想，多少人在羡慕着你拥有的一切啊！不论是学习还是生活，我们都要保持好的心态，摆正自己的位置，这样才会彰显出人格的可贵和生命的华美。

1. 既然无法改变，不如欣然接受

很多事情我们真的没法改变，但是一味地哭泣又有什么用呢？所以开朗一点，既然无法改变，不如欣然接受吧！一代乐圣面对自己的失聪，不也是敢于扼住命运的咽喉吗？不要怕，人无完人，只要努力，你一定在其他方面绽放更多的笑容。

2. 越挫越勇

"我为什么要被挫折打败？那都是胆小鬼的行为！"我们要有这样的魄力，才能冲破道道难关！要有越挫越勇的勇气，才能锻造坚强的个性。一次考试失败，不代表次次失败，因为要汲取教训，争取下次的突破；一点缺陷算什么，不代表我别无他长，因为我会完善自己，光芒自会遮蔽瑕疵。勇敢一点，你就是最棒的。

心里悄悄话

放弃是一个念头,而永不放弃是一种信念、一种精神。现实生活中我们往往会自觉不自觉地选择前者,因此,我们极易成为普通的没有一点棱角的人,而有些人却坚定得近乎倔强地选择了后者,这种人虽是少数,但他们却往往能赢得大多数人的掌声。

男孩要尽快走出自卑

很多人总是喜欢多想,因为自己某一方面有缺陷或者某一方面不如他人就感觉非常丢人,觉得人人都在笑他,于是自卑的心理越来越严重,不愿与人打交道,也不想在公共场合里出现,最后把自己变成了一个沉重的、孤独的人。其实,我们应该明白,我们并不是他人,所以没理由将自己的想法强加到别人身上,只是自己在折磨自己而已。所以,事情没有你想的那么糟糕,尽快走出自卑,才能看到生活中更多的阳光和欢乐。

曾经高年级有一个小男孩浩浩,学习很不错,但是有一点就是他很孤僻,总是把自己封锁在教室的一角而不肯融入班级。下课时,他又总是最后一个离开教室。后来大家才知道,他的腿因为得了小儿麻痹症而落下了残疾,因此,他有一种自卑感,不愿意让人看到他走路的姿势。所以,他也一直不与同学交往。

有一次班级举办小故事演讲活动，同学们要轮流踏上讲台进行演讲，看着一个个同学在讲台上那么出色的表现，浩浩低着头，心里有种说不出的难过。终于还是轮到自己了，这时候全班四十多双眼睛一齐投向那个角落，浩浩还是没敢抬头。犹豫了好一会儿后，浩浩才慢吞吞地站了起来。大家注意到，浩浩的眼圈儿红了。在全班同学的注视下，他终于一摇一摆地走上讲台。就在他站上讲台面对大家的时候，有一位同学为他鼓掌，紧接着全班响起了热烈的掌声，掌声中传达着全班人的鼓励、尊重、友爱。那一刻大家看到浩浩的眼里含着感动的泪水。

掌声过后，浩浩冷静地面对大家，开始进行自己的演讲。他生动地为大家讲述着自己的童年故事，此刻的他摆脱了自卑，也没有了胆怯，声音中含着一种坚定和信心，故事感人，同学们认识到了这个平日里孤单的小男孩所具有的另外一面。当他结束演讲的时候，班里又响起一阵掌声。浩浩很礼貌地向演讲老师深鞠一躬，又向同学们深鞠一躬，然后，在掌声里一摇一摆地走下了讲台。

出乎大家的预料，从那次演讲以后，浩浩就像变了一个人似的。他不再那么忧郁了，他和同学们一块游戏、说笑，甚至有一次他还走进了学校的小舞厅，让同学们教他跳舞。他的学习一直很好，尤其是数学和物理。高二那一年，他代表学校参加了全国奥林匹克物理竞赛，还得了奖。

美好的高中生涯转眼间就要画上一个大大的句号。浩浩被北京的一所大学破格录取。后来,他来信给学校说:"我永远不会忘记那一次掌声,因为它使我明白,同学们并没有歧视我,我应该鼓起勇气微笑着面对生活。那次掌声给了我第二次生命……"

男孩们,自卑的泥坑终将会让你越陷越深,只有你自己才能解救自己。自卑是你为自己设置的障碍,战胜自卑就靠你不断地磨炼心态,超越自我。不要把自卑看成是无法治愈的绝症,也不要对这种心理听之任之,合理地调节自己的心态,会让你早日走出自卑的陷阱。心理学家认为,自卑的人不仅要正确认识自己各方面的特长,而且要正确看待自己的自卑心理。

1. 言语中少一点丧气话

过于消极的话会打击人的积极性,可以说是一种消极的暗示心理,说的过多,无形中会加剧人们的心理负担,导致悲观心理的产生。因此,即使在生活、学习不顺利的时候,也尽量不要让消极话语脱口而出,对自己进行否定,甚至进行全面否定。如"我觉得我是不可能完成的""我就是一个没大出息的普通人""不管怎么样,我肯定是做不好的""看来不管怎么努力,我也没什么资本与他们较量""我就这点本事了,失败就失败吧"等。这些话都是一些全面否定自己的话,一旦开口,极有可能使得本来可以做好的事,也做不好了。

2. 客观看待事物

事情都有两面性,这一点大家都应该明白的,但是不同心理的人看到的却极不相同。自卑的人总是过多地看重自己不利和消极的一面，而看不到有利、积极的一面，缺乏客观全面地分析事物的能力和信心。所以说，在你总是想到消极一面的时候，不妨静心思考一下，这件事好的方面在哪里，找到积极的因素会对你的情绪调节有很大的帮助。

心里悄悄话

男孩们，自己看得起自己，他人才会看得起你，否则，自己都不自信，还能指望谁高看你呢？能不能从良好的人际关系中得到激励，关键还在自己。要有意识地在与周围人的交往中学习别人的长处，发挥自己的优点，多从群体活动中培养自己的能力，这样可预防因孤陋寡闻而产生的畏缩躲闪的自卑感。

第 7 章
能力考验——有时候，男孩必须对自己狠一点

有多努力，你的人生舞台就有多大。男孩们，不想经历风雨，就不要期望看到彩虹，没有付出，谈何收获呢？我们现在已经长大了，如果还是想着坐享其成、不劳而获，那么终将会输得一败涂地。世界上没有比脚更长的路，让我们努力加油，让身体和思想行走在路上吧！

第7章 能力考验——有时候,男孩必须对自己狠一点

经得起考验,才能更好地成长

有句话说得好,"不经历风雨,怎能见彩虹"。哪有人能随随便便成功。多少辉煌的背后是数不尽的汗水与泪水,是一次次的磨炼与承受……只不过我们看到的只是他们辉煌的一面罢了。所以,不想经历生活的风风雨雨,就不要期望着看到美丽的彩虹,有付出才有回报。

老鹰在鸟类中是寿命最长的,它能活到70岁,人们往往看到的是它搏击长空的自由与"飞行之王"的美誉,可是它在40岁时为重生做出的牺牲却更让人敬佩。

在它们40岁的时候,身体就会出现变化,爪子开始老化,无法有效地抓住猎物。它的喙变得又长又弯,几乎碰到胸膛。它的翅膀变得十分沉重,因为它的羽毛长得又浓又厚,使得飞翔十分吃力。

对于老鹰来说,没别的选择,要么死,要么经受这极端的重生过程。

五个月的历练过程并不是那么的简单。它们要坚持飞到山顶,在悬崖上筑巢,停留在那里,不得飞翔。

首先,老鹰要用喙去碰击石块,一次,两次,三次……直

115

至全部脱落掉。慢慢地期待着哪一天长出新的喙。随后，它会用新长出的喙把指甲一根一根地拔出来。当新的指甲长出来后，它们便把羽毛一根一根地拔掉。150天终于过去了，它们长出了新的羽毛，它们终于可以重新飞翔，开启生命中新的30年。

男孩们，谁想笑到最后、笑得最甜，谁就要经得起考验，受得了痛苦。那么，最后的成功才是具有决定意义的成功。其实，到最后你会发现起初的成就和痛苦只不过都是为后来而设的奠基石。

残奥会上的竞技场面可以说是能够让人深深地感受到什么叫作敬畏生命，让人明白什么是身残志坚。每一场比赛，都能让人模糊双眼，他们的那种励志精神是我们每一个人都应该学习与尊重的。1970年出生于上海的黄文涛就是其中的一位优秀代表。他刚生下来就双目失明。他从小离开父母的怀抱，去上盲校，养成了自己照顾自己的习惯，懂得了自立、自尊、自信、自强。1985年，黄文涛加入了盲童学校田径队，开始了他的体育生涯。他主要学习的是短跑和跳远，我们应该能体会到，对于残疾人来说这些是多么的艰难。当时使用的还是非常落后的助跑器，踏脚板用一根细长的铁钉支着。在一次训练中，出了意外，铁钉斜伸出来，一个正常人就可以很轻易地看出来，但他却什么也看不见。一脚踏上去，一股钻心的疼痛从脚底而起，疼得他一下昏了过去。原来铁钉穿过了跑鞋底和他的脚掌，又从鞋面穿了出来。先天造成的遗憾注定着他要付出

第7章 能力考验——有时候，男孩必须对自己狠一点

比常人更多的代价，遭受更多的疼痛。对于教练的指导，他是看不到的，他只能用一次次的分析，一次次的研究，一次次的尝试来完善自己。这期间一次次的跌倒与爬起，只为了能够有朝一日战胜自己，取得成就，为国争光。终于在1992年巴塞罗那残奥会上，黄文涛沉着冷静的超水平发挥，以3厘米的优势打败了西班牙的胡安，赢得了冠军。当他站在领奖台上，聆听庄严的国歌奏响的时候，心中充满了自豪感。

男孩们，请记住：要想成就更好的自己，就需要对自己狠一点，不怕苦不怕累。

1. 男人就要对自己狠一点

我们是小小男子汉，很多时候我们都是对自己太好，不舍得让自己吃苦，其实，逼自己一把，你也许会更优秀。

2. 男孩要做到越挫越勇

不要被一些小的问题打败，不要服输，越是困难才更能够看出我们有多大本事。不管困难大小，都是对自己能力的一种锻炼。男孩们，相信自己，一定可以。

心里悄悄话

冰心说过这样一句话："成功的花，人们只惊美她现时的明艳。然而当初她的芽儿，浸透了奋斗的泪泉，洒遍了牺牲的血雨。"男孩们，希望这句话能够激励你们继续努力！

你凭什么只懂享受，不付出

下面这个案例相信在生活中非常普遍：

周末的时候，13岁的陈翔要求妈妈去给他买运动鞋。可是一圈下来，妈妈带他逛了好几个专卖店，都没有找到一双喜欢的鞋子。妈妈有些诧异，就问陈翔，到底想要什么样的。陈翔说："妈，其实我自己相中了一双Adidas运动鞋，我很早就想要了……"

其实陈翔家并不是多么富足，只是这个年纪很多小孩喜欢攀比。可是妈妈说："那个牌子太贵了，给你买双便宜的好不好？"

"妈，我超级喜欢Adidas的鞋，您就答应我吧，您就我一个儿子，您的钱不给我花给谁呀。"陈翔用渴望的眼神望着妈妈。

拗不过儿子，妈妈只好给陈翔买了一双adidas的鞋。看着这上千元的鞋，妈妈禁不住说："儿子，知不知道这个社会上还有很多人一个月的工资还买不到一双鞋么？你为什么觉得花妈妈的钱这么理所当然呢？"

现在生活条件好了，好多男孩养成了这种坐享其成的习惯，不劳动，还觉得钱来得很容易一样，把父母当成了自动提款机。男孩要清楚，坐享其成是一件耻辱的事。

我们眼中的居里夫人是一个伟大的科学家，其实她身为人母的伟大只是很少有人知道罢了。她教育孩子的宗旨是："热爱事业，不求享乐，有独立的能力。"有好几次机会她可以让孩子们得到一大笔财产，然而她不肯那样做，她认为孩子们将来必须自谋生活。

曾经居里夫人在美国的赠送仪式上收到了一大批的礼品，全部属于她一人所有，可是她却说了这样一段话："这个得修改，美国赠给我的镭必须归科学所有。只要我在世，无疑我将只用于科学研究。但是，如果我们照目前的这个文件办，在我死后，那克镭就会成为个人继承财产，成为我孩子们的财产。我绝不能那样做。我想把它作为礼物赠送给我的实验室。"

是的，如果你只是一味地想不劳而获，那么你终究会一败涂地。居里夫人从不想看到自己的孩子坐享其成，享受她的成就带来的奢侈生活。居里夫人非常注意女儿身体的健康，每天功课一做完她就带两个孩子到外面去，不论天气如何，她们总要步行很长的路，并做各项体育活动锻炼身体。她还在花园里装置了一个秋千，让孩子们运动。为使孩子具有工作能力，她还特别注意让孩子受到灵巧性锻炼，她让她们学园艺、学雕塑、学烹调和缝纫。在意志品质培养方面居里夫人也下了一番功夫。当时她的大女儿刚刚会站立走路，她就带着女儿去河里洗澡玩耍，刚开始女儿还是很恐惧的，毕竟那么小，可是没几次就锻炼得非常喜欢玩水了。居里夫人经常鼓励孩子们要大胆。虽然丈夫死于车祸，但她仍旧放手让孩子从很小就开始单独出门。这样的锻炼，使孩子们得到了应付任何艰苦生活的考验能力。

男孩们，坐享其成，不懂得努力付出自己的劳动，这是一件可耻的事情,希望我们能够说服自己。

1. 不要总是苛求父母

男孩们,我们要懂得理解父母,不要总是苛求他们为我们做这做那,我们已经长大了,要懂得去多帮助他们,缓解他们的压力和负担。

2. 钱来之不易

父母为我们付出了太多,钱真的是来之不易,我们要懂得体谅他们。男孩可以去一些劳动场所,从中明白只有付出辛勤的劳动,才能有所收获。

心里悄悄话

其实,如果从小就习惯于坐享其成,是一件很糟糕的事情,这样只会让自己变得依赖性强、懒惰自私、不懂感恩。这样的男孩不会有什么朋友,一生悲哀。

不懒惰,早起的鸟儿有虫吃

懒惰能给人带来一时的享受,让人觉得脱离了劳动的痛苦,可是这种心理带给你的享乐是长久的吗?其实,勤奋和懒惰之间只有一步之遥,关键是看你如何抉择。如果选择了前者,随后而来的是成功。反之,生活将索然无味。男孩们请记

第7章 能力考验——有时候，男孩必须对自己狠一点

住：勤奋是懒惰的克星，是取得成就的秘密武器，也是每个人都应养成的好习惯。

很久很久以前，有一个农夫，在他临终之前，他把四个儿子都叫到一起，告诉他们："爹马上就要走了，不能陪着你们哥几个了，我不确定我走之后你们是否能够过得比现在还好，我担心将来你们会受苦，因此，我在咱们家的那块地里，埋下了一坛金子，这是我一辈子积攒下来的。我死后，你们就把它挖出来分了吧。"

没多久，这位农夫去世了，他的四个儿子便一起去他们父亲描述的地里去挖金子。可是他们感到非常的好奇，无论怎么挖也没找到那坛金子，他们怀疑是不是父亲记错了地方，于是翻遍了周围的很多地，可是始终没有找到那坛金子。儿子们失望了。当时，正逢播种季节，带着失望的心情，儿子们将几块地种上了庄稼。

几个月过去了，收获的季节来临了。

由于他们深翻了土地，地里的庄稼获得了前所未有的大丰收。此时他们才明白老人的用意。

这位农夫让儿子们明白了勤奋的重要性，勤奋的价值不能用金钱来衡量，金子虽然珍贵，但却不能失而复得。男孩们，即便是你有黄金万两，但坐吃山空，总会有穷困的一天。

在一个美丽的大森林里住着一群非常可爱的小动物，有一次森林要举办一场才艺大赛，为此伙伴们都在刻苦地练习，希望能在比赛中夺冠。

小猪是小马的好朋友，它们两个约好一起努力练习，共同

进步。小马喜欢长跑，它每天都非常刻苦地练习，此外还不断向前辈请教跑步的技巧。到了早晨，小马不睡懒觉，坚持练习跑步，不管再苦再累也忍了下来。晚上，小马还废寝忘食地练习着。终于，功夫不负有心人，小马的长跑能力越来越强了。

小猪也想像小马一样努力学习。可是它总是太懒惰，觉得太辛苦，练不下去，学些别的也没有毅力，整天不想学习。早晨，太阳公公升上了天空，催促小猪赶紧练习，可小猪学了些什么？小猪什么也没学到！大赛来临了，小马获得了长跑第一名，小猪什么也没得到。

此刻小猪感到很羞愧也很伤心，它说："看来只有勤奋才会有回报，懒惰的人总是一事无成。"

懒惰是成功的绊脚石，在充满困难与挫折的人生道路上，懒惰的人习惯于等、靠、要，从来不想去求知、发明、拼搏、创造，最终只能是一事无成。因此，我们要克服懒惰的恶习。那么，如何才能克服呢？

1. 遇事不要拖延

我们要态度坚决的和懒惰作斗争，不要拖延。比如，坚持早起，懂得锻炼身体；今天的事情今天完成，坚决不推到明天；不要总依赖他人，自己的事情自己做……从小处着手，从一点一滴做起。

2. 制订计划，自我监督

可以把自己内心的计划和目标落实到纸上。一段时间后，你就会发现自己即使在很短的休息时间里也可以做一些有用的事情。所有作业都严格按规定的时间保质保量完成，逐步养成今日事今日毕的好习惯。

心里悄悄话

男孩们，懒惰是一种严重的坏毛病，久而久之就会让自己变得非常的堕落。但是只要你决心与懒惰分手，在实际的生活学习中持之以恒，那么，美好的未来就是属于你的！

睡懒觉，让你"越睡越懒"

"温暖的被窝是埋葬青春的坟墓。"虽然这句话听着有点吓人，可是事实上就是这个道理。特别是对现在的青少年来说，如果养成这样的懒惰习惯，贪睡，早晨总是赖在床上不起来，这必定会影响到自己的精神状态，干其他事情的时候，也肯定没有充足的精力来面对。

嘉豪今年10岁了，他的妈妈觉得孩子正处于长身体的时期，上学也比较辛苦，一定要有充足的睡眠，所以，当嘉豪赖床不起时，妈妈从不责怪他，而是任他睡到自然醒。

可是，渐渐地，妈妈发现，嘉豪变得越来越贪睡、赖床，不仅没有因为睡眠充足而神清气爽，反而每天都显得无精打采。

于是妈妈带着嘉豪去看了医生，诊断结果是孩子没有任何问题。

但是医生同时也告诉嘉豪的妈妈,"睡眠时间太长,对孩子的身体根本没有什么好处。因为睡过了头,大脑会处于被抑制的状态,大脑的兴奋性反而会降低,因此会头昏脑涨、萎靡不振。如果长此以往地纵容孩子睡得过多,可能会引发'周期性嗜睡症'或'发作性睡眠症'。"妈妈听了医生的警告,从第二天起,早上6点半准时叫孩子起床,培养他形成好的生活习惯。

其实这种情况不止一个,很多孩子都养成了一种懒惰、嗜睡的习惯,长久下来,真的会影响自己,让自己变得越睡越懒。此外很多孩子还有晚睡早起的情况,这种不正常的作息习惯也对自己的学习生活极为不利,韩林就是一个典型的案例。

每天完成作业之后,韩林都要玩电脑、看电视,不到一点钟,不会躺在床上。

爸爸每每站在他身后,催他早点去睡觉,韩林都会说:"我已经做完作业了,玩一会儿,就一小会儿。"

爸爸看着孩子赖皮的样子,也希望他能在紧张的学习之余轻松一下,便不再说什么。但是,时间一长,爸爸收到了韩林班主任的反馈:"韩林上课经常瞌睡,难以集中精神。"

爸爸认识到了晚睡早起对孩子学习造成的影响,于是与韩林一起分析他学习退步的原因,告诉他:"你之所以在课堂上哈欠连天,无法正常听讲,都是由于头天晚上休息不好造成的。"

韩林在爸爸的指导下,也认识到了坏的生活习惯会影响自己的

生活。韩林向爸爸保证:"我一定会早睡早起,用好的精神状态去上好每一堂课。"

于是爸爸帮助韩林制订了生活作息时间表,每天严格遵守上面的时间,早睡早起,精力充沛。

此后,韩林的学习效率有了显著的提高。

男孩们,想要有所作为,必须有健康的身体和旺盛的精力,想要保持健康的体魄和旺盛的精力,就必须要养成好的作息习惯,整天睡懒觉或者熬夜晚睡对自己都是不好的。所以说,克服懒惰,养成良好的作息习惯,才能健康有活力。

1. 寻找一个好榜样

男孩们,如果自己意志力不强,我们可以以一个勤奋的同学作为榜样,带动自己一起努力,可以寻求他人监督,慢慢地养成好的习惯。

2. 早睡早起很关键

睡眠不足也是不行的,男孩应该在规定的时间里睡觉。所以,不要放纵自己晚上长时间看电视、玩游戏等。即使看书也应到时间就停。否则白天没精神,反而还会嗜睡,这样就没有好的精神状态来学习。

心里悄悄话

睡眠不能太多,要养成早起的好习惯。经过一夜安睡,人在清早起床时会耳聪目明,头脑清醒,精力充沛,因而,无论做什么事情都有兴趣,也会有好的效果。

你懂得父母的辛苦吗

男孩们，静下心来，想一下这个问题：你是否去父母工作的地方看过？你是否懂得父母的辛劳？你是否总是对父母提出一些不合理的要求？你是否懂得什么是长大？你是否懂得自己去做一些力所能及的事情？……是的，这些都是生活中一些常见的问题，但是却非常值得我们反思。总之，我们要懂得提升自己的生活能力，不要总是依赖父母，要懂得体贴父母。

周五放学回家，亮亮就迫不及待地跑到爸爸面前说："爸爸，给我买一辆山地车吧，我今天已经看好价钱了，不贵，还不到一千块，我很喜欢。我的好朋友王晨的爸爸上周已经给他买了，骑着真爽啊！"听完亮亮的话，爸爸半天没有作声，过了一会儿才说："亮亮，家里的情况你又不是不知道，你奶奶已经生病住院半个月了还是不见好，已经花了不少钱，家里没有多余的钱来给你买山地车了。"听到爸爸的话，亮亮就不乐意了："不就是几百块钱吗，爸爸，你就算再没有钱，这点钱还是能拿出来的吧。你要是没有足够的现金的话，直接把你的信用卡给我就可以了，我可以刷卡。"听完亮亮的话，爸爸愣住了，这孩子根本不知道钱是怎么来的，一点也不体谅家人的辛苦，还要超前消费，爸爸暗暗叫苦，都怪自己平时生怕苦着孩子，所以到现在孩子压根不知道钱是怎么来的，看来不能再这样下去了。

生活中这种情况真的是非常多，许多孩子会跟父母提一些超乎想象的要求，可是自己根本不知道父母背后的辛酸！总是理所当然似的跟父母索要，根本不在乎钱是怎么来的。久而久之就变得自私、任性、好逸恶劳，也不懂得感恩。

其实，男孩们，我们应该去看看钱是怎么挣来的，看看父母工作时的状态是怎样的。当家长在自己工作的场所，恐怕就不像在家里那么随心所欲了。作为公司的职员，有时还得饿着肚子加班。只有在这里，男孩们才能看到父母的另一面。相信很多男孩会明白自己的父母之所以饿着肚子工作，就是在为了全家而努力。即使当时自己没有这么想，多年以后的某一天，这个场景也会在自己的脑海中浮现出来。

男孩们，没有人无缘无故地给你钱花，父母通过自己的汗水为我们提供好的生活，我们要懂得感恩与知足，同时也要懂得用自己的能力去报答他们，多为他们做一些事情。其实，如果条件允许的话，男孩真的可以到父母工作的场合参观一下，看看父母的工作环境，让他看看父母在工作中操劳的身影，这样才会加深男孩的认识，让他真正地体会到，爸爸妈妈挣钱真的很不容易，自己要好好努力，不辜负父母的辛劳。

1. 感恩父母

感恩的心会让你更懂得知足，感恩的心会让你更懂得努力。不懂感恩的人，缺失做人的一种道德感。男孩们，不要觉得父母就该为我们操劳一切，我们已经长大，有能力了，我们要做的不是依赖，我们要不断提高自己的能力，用双手去创造更好的未来。

2. 体验赚钱的艰辛

男孩不要让自己变得太娇气了，可以在假期的清闲时间去做一点工作尝试一下赚钱的滋味，体验一下生活的辛苦。比如年龄小一点的孩子可以去大街上卖报纸，年龄大一点的孩子可以自己去批发一些小商品在路边或者夜市卖，男孩通过自己的劳动赚钱，才会深切地体会到挣钱是怎么一回事，花钱的时候也就会知道节省了。

3. 多做一些力所能及的事情

男孩们，生活中其实我们能做的事情真的是很多。比如说在父母忙了一天回到家之后，我们可以给他们递一杯水，给父母拿拖鞋，或者帮助父母一起做饭，还可以帮着父母做家务，体验家庭生活的烦琐和辛苦，可能就会好很多。

心里悄悄话

尊老爱幼是中华民族的传统美德，我们要从小养成尊重长辈的好习惯。男孩们，现在你们的性格处于叛逆阶段，很多男孩有不尊敬父母，甚至有和父母吵架的恶习。希望有这种行为的男孩坚决杜绝，尊敬父母，倾听父母的心声，牢记父母的养育之恩。

第 8 章
自己做主——你应该有主见，但不要固执己见

说起主见，大家都不陌生，有主见的人不会人云亦云，也不做他人的应声虫，否则就会失去自己独立思考的能力，也失去了自己独有的特色。我们可以参考别人的意见，但不要被其禁锢，在选择的岔路口，最重要的是聆听自己的声音，因为我们是为自己而活。男孩们，如果你总是习惯于依赖父母亲朋，那么你该如何迈开自己的脚步呢？你要记住，想要成为一名真正的男子汉，就必须是一个有主见、有思想的人。

第8章 自己做主——你应该有主见，但不要固执己见

克服依赖，学会自己做主

依赖是一种慢性毒药，会让你慢慢失去自己处理事情的能力。一般来说，小时候对父母的依赖心理比较严重，可是长大了，身上总归要承担一定的责任。面对这些责任，有些人感到胆怯，无法跨越依赖别人的心理障碍。依赖别人，意味着放弃对自我的主宰，这样往往不能形成自己独立的人格。他们容易失去自我，遇到问题时，自己不积极动脑筋，往往人云亦云，易产生从众心理。

小海今年上初一了，一直都很听话也不惹是生非，算是父母和老师眼里的乖小孩。与同学之间，小海相处得也非常融洽，极少产生摩擦。但是小海有个大家都了解的特点，他总是喜欢说"都行"，无论什么事，父母征询他的意见，他总是顺溜地说出自己的意见——都行。起初，父母觉得这是孩子贪玩、心不在焉的原因。可是，有时候你"都行"了，他好像还是不太高兴似的。

有一天下午放学回家，妈妈问小海："小海，今天想吃什么好吃的呢？"

结果小海还是很随意地说了一句："都行。"

既然这样，妈妈就去厨房里忙起来了，随后做好了饭，叫小海出来吃，没想到小海一看就不高兴了，低声气哼哼地说："天天老吃这个，我真的不想吃了。"

妈妈看到小海不太开心，就问他："每次问你吃什么，你都无所谓，好像什么都可以，自己也不说想吃什么，做了你也不爱吃，如果想吃什么你就直接说出来就好了呀。"

听到妈妈这样说，小海心里很难过，他低着头说："其实，我也不知道自己想吃什么。"

后来，经过爸爸妈妈的仔细观察，他们发现小海在很多问题上都喜欢说"都行"，总是表达不出自己的观点，也不自己去做决定就直接听从他人的安排。比如：小朋友一起玩游戏，大家提议玩什么游戏，他从来都是随大流；周日出去玩，爸爸问他去公园还是去游乐场，他也说都行；问他先吃饭还是先喝汤，他也说都行……

有些父母以为这样的孩子没那么多事，好养活。殊不知，"都行"就是孩子最大的毛病，这表明孩子缺乏责任心和自立意识，是一种很不负责任的行为。

后来，小海妈妈说："虽然小海很听话，是众人眼中无可争议的乖小孩。但是我心里一直觉得不踏实。原因在于，你告诉他的事情，你要求他的事情，他都会不折不扣地完成。有时候，他自己的事情也等着我们的意见和吩咐。起初，我们都觉得有这么一个听话的儿子多好啊！但是，渐渐地，我觉得儿子太听话了，以至于缺乏主见。"

我们每个人都是独立的个体，我们需要有自己的思想，学会自己去主动处理一些事情，不要总是依赖他人，听从安排，这样我们会丧失自己内心的主心骨。

1.克服自己，少说"随便、都行、无所谓"之类的话

很多人总喜欢说"随便、都行、无所谓"之类的话，任何事情自己不喜欢拿主意，慢慢地这种懒惰心理逐渐就会把自己变得随大流、人云亦云。所以说，遇到事情，我们要学会思考，要敢于说出自己的想法，这样才能不断地培养自己的独立能力。

2.尽量少去问他人

有的男孩遇到事情，第一反应不是想想自己该怎么做，而是直接去问父母或朋友，这就是典型的依赖心理。如果有事情需要自己拿主意，我们要先冷静下来，不要浮躁，学会分析问题，考虑一下这样做有什么后果，那样处理是否得当，然后权衡一下，自己选择，有时候分析错了，也是一种经验的积累过程。

心里悄悄话

我们不难发现，有依赖心理的人往往缺乏自信，自我意识低下。所以，自己能做的事一定要自己做，自己没做过的事要锻炼着做，这样才能培养起自己的独立意识。

走自己的路，让别人说去吧

所谓一千个读者就有一千个哈姆雷特，人与人之间的思维可以说是千差万别。所以我们要保持自己内心的坚定，做一个有主见的人，不要因为他人的看法而丧失了自我。我们真的没有必要为了某个人或某些人的目光而活，就算别人指责我们、否定我们，也并不表示我们就是一个失败者。当我们觉得自己的判断或是所做之事是正确的，就没有必要为了别人的指责而将其全盘打乱。

丽丽曾经讲过一个自己的经历，哭诉自己内心的苦恼。有一天，丽丽和男友阿豪在街上逛着，突然不小心丽丽摔了一跤，倒在了路上的一滩水里，当时路上有人看到她就笑了起来。丽丽当时特尴尬，哭了，身边的阿豪手忙脚乱地给她揉着痛处，擦着身上的脏水，丽丽却说："不疼，没事。"阿豪很奇怪，"不疼哭什么呀？"丽丽非常心烦，满脸通红地说："我摔得这么尴尬，弄得这么狼狈，周围的人会怎么看我呀，他们都嘲笑我，我能不哭吗？别人会怎么看我呀？"是啊，生活中我们听到多少这样的话啊！有时候甚至感觉，我们就像活在别人的眼光里。

初中二年级二班有一个学生叫李小刚，他是班里公认的"麦霸"，不管多么有难度的歌曲，到了他的嘴里都是那么自然而又动听。有一次，学校举办歌咏比赛，他连预选都没参

加,直接被班主任王老师保送进决赛现场。但是,李小刚面对全校师生,一张张不熟悉的面孔让他顿时精神紧张,他在比赛中完全没有发挥出应有的水平,成绩非常的靠后。这件事过去很长时间了,但他还在为此郁郁寡欢。

男孩们,看完这两个案例,相信大家都有所触动,因为很多时候我们又何尝不是这样呢?我们是否太在意别人的看法?有时候就连别人一个眼神儿也会引起我们的猜疑,别人多看你一眼,你便觉得他对你有敌意;别人少看你一眼,你又认定是他故意对你冷落,给了自己一些"他可能对我很失望""他肯定在笑话我"的心理暗示。其实有时候,难免是多心,对方并无此意,完全是我们自己自以为是。

但丁曾经说过这样一句至理名言:"走自己的路,让别人说去吧。"男孩们,要想成就一个独特的自己,就要养成自己的个性,不要太在意别人的眼光,也不要因为别人说什么就丧失自信。

男孩们,总是生活在别人的评价里,是可悲的,也是非常疲惫的,有自己的主心骨,不要过于纠结那些无所谓的"眼神"或"讥讽"。

1.学会自我分析生活事件

太在意别人的看法就是没有自己主心骨的一个表现,也是自己分析问题、处理问题、做出决策各方面的能力还不够强大。一个人如果能做到留意生活中的某些事情,能经常分析某些事情，不仅能丰富他的阅历，还能提高他处理事情的能力。

2. 转移注意力，不要去想那些人的看法

当你感觉到别人在用不一样的眼光看你或者议论你的时候，你不要去仔细地听他们具体说什么，继续做自己的事情，学会转移自己的注意力，把思想集中到自己的身上，否则你将什么都做不好。

3. 先想好再问别人

在拿不定主意时，要尽量先想好自己的主意，再去问别人的意见，最后由自己做决定。一旦养成了这样的习惯，遇事有主见的能力自然就会提高，久而久之就不会遇事没主见。

心里悄悄话

人要成大事，就必须如一句格言所说："走自己的路，让别人去说吧！"当然，这并不是说独立思考就不去认真听取别人有益的意见。如果别人的意见有可取之处，哪怕是来自"敌人"的意见，也应该认真听取。

做最好的自己，你就是最棒的

人有很多事情要做，事情不分轻重缓急，也不分大小，

第8章 自己做主——你应该有主见，但不要固执己见

关键是看我们是否用心、尽力，做人、做事努力认真的人是值得人尊重的。我们每一个人不可能都成为"小皇帝""小公主"，社会上的各种角色都需要人们来扮演。其实，问题的关键不在于你干什么，重要的是你是否能够做最好的自己，因为每一个位置都会有人做到优秀、极致。

曾经有个小男孩，他家境贫寒，从小父母离异，跟着妈妈一起生活，住的房子又挤又破，可以说是生活环境非常艰苦。上学的时候同学们总是笑话他脏兮兮的，不愿与他亲近。他也不喜欢学习，总是调皮捣蛋，所以，他的母亲就是学校的"常客"。

可是，他有一个很大的爱好，就是非常喜欢拳击和武术，很多时候他都死守着电视里的比赛不放。生活中他还喜欢模仿那些高手们的拳术，不仅练过咏春拳和铁砂掌，还背着母亲练过泰拳。他最喜欢的武术是李小龙自创的"截拳道"。他置学业于不顾，天天忙着练功夫。因为跟同学打架，他经常遭到母亲的责骂。当时，他最大的理想就是成为李小龙第二。于是，他报考了体校。可是，因为身体素质太弱而落选。

后来，他找到第一份做助理的工作，可是随后就被辞退了，接着又是一份份的工作，他都没待多久……

后来，他考入香港无线电视台成为艺员。1983年顺利毕业，成为香港儿童节目主持人。这份工作他一干就是四年。媒体曾经发表过一篇报道，认为他的才能有限，要想继续在这个

137

圈里打拼，只能做儿童节目。这样的评价非但没有令他垂头丧气，反而激发了他的斗志。他把这篇报道剪下来贴在自己的床头，举着拳头告诉自己：我一定要不断努力，闯出一番天地，让别人对我刮目相看！

自此之后，他更为积极努力地去对待生活，不断开拓自己，希望在演艺方面有所成就。刚开始只是一个跑龙套的，每天都在场地转来转去，什么角色他都愿意尝试。对他来说，那段时间是最为艰苦的。然而，他从来没有放弃，也从来不去羡慕别人。他相信，只要一步步去做，一定会成就最好的自己！

在所有的角色中记忆最深刻的就是演死尸。当再次谈起这个时，他笑着说："虽然事先已经做好预防措施，但还是会感到被大火灼烧的痛感。"随后的一段时间，他终于用自己的努力和坚持让自己逐渐有了名气。他用一种荒诞不经、另辟蹊径的"无厘头"式表演，真实细致地揭示了市井小人的矛盾和挣扎，成为喜剧表演中的一枝独秀。

虽然他没有成为第二个李小龙，可是他却创造了香港喜剧表演的一个奇迹，至今仍为大众喜爱，他就是周星驰。

曾经有人问他成功的秘诀，他说："没什么秘诀，我只是尽最大可能做好自己。"是的，在最艰难的时刻，他始终不放弃自己，成功就来自于他的这种精神，这是对自我的一种准确认知，是坚持做最好的自己的一种良好的证明。

男孩们，或许你在人群中不是最优秀的，可是请你记住，你不需要成为最好的，但要成为最好的自己。

1. 不要怕嘲笑，保持好心态

个人都有表达自己意见和观点的权利，如果别人嘲笑也是他们一种观点的表达，那也是可以理解的。我们阻止不了别人的言行，但可以控制自己的心态。遭遇别人的嘲笑，不生气，不较真，而是努力做好自己，通过自己的努力让梦想成为现实，到那时，别人已经找不到任何理由来嘲笑我们了。

2. 自信心是不可缺少的

我们都有着自己的闪光点，男孩们不要自卑，相信自己，敢于呈现真实的自己，而不是刻意地去模仿别人。也许你在某一方面做得不好，但是相信你在另一方面会非常突出。总之你是独一无二的，是无可替代的。尊重上苍赐给你的才能，这才是真正适合你的，是只属于你的美丽！

心里悄悄话

有位作家说得好："把自己说服了，是一种理智的胜利；自己被自己感动了，是一种心灵的升华：自己把自己征服了，是一种人生的成熟。但凡说服了、感动了、征服了自己的人，就有力量征服一切挫折、痛苦和不幸。"一个人，只有在生活中确定能很好地做好自己，做最好的自己，才能越来越优秀，才能超越自我，成为一个了不起的人。

男孩要学会做出自己的选择

生活中处处需要选择，我们不能像小时候那般依赖父母，希望什么都替自己做主，其实这样会逐渐丢失自己的思想，成为一个没主见的人。我们要记住，理智、坚决的选择，最适合自己的才是最重要的，尽管有时它并不是最好的。

小雨马上就要毕业了，初次踏入社会的她要开始面临找工作的问题了，面试了几家公司之后，她幸运地被一家咨询公司和物贸公司都录取了。其实这个结果真的是挺令人羡慕的，因为这两家公司确实非常的出名，一般刚毕业的大学生很难进去，而现在她居然同时接到了两家公司的录取通知，确实很了不起。

班主任老师问她："小雨表现不错呀，竟然被这两家公司录取了，想好怎么取舍了吗？"

小雨说："我准备去那家咨询公司，我的朋友都认为我适合做咨询工作。"

可是随后几天，小雨来上课，班主任老师问她："适应新环境吗？那里还不错吧？同事间相处的可以吧？"

小雨说："哎，老师，我压根儿就没去呢！我叔叔告诉我，说另外那家物贸公司发展潜力非常大，我在那里能够有很大的进步空间，学到很多东西，还能拿到相当优厚的薪水，我已经改变主意了，决定去物贸公司。"

第8章 自己做主——你应该有主见，但不要固执己见

跟她交流一番之后，班主任老师觉得就是去物贸公司了，还给她一些好的指导建议，鼓励她好好努力。可是过了两天之后，小雨又找到老师说："老师，我去咨询公司还是选择那家物贸公司呢？现在我都迷糊了，真的不知道选择哪家才好。"

这时候老师才是真糊涂了，问她："之前你不是已经选择好了吗？为什么又出现了变化呢？"

小雨说："我的朋友说我不适合做物贸工作，他们认为我还是应该做咨询工作。所以，我希望您能给我一些建议，帮我选择一下。"

这时候，班主任老师笑了，他语重心长地对小雨说："小雨，你要明白，选择的问题最终还是要靠自己，我也只能给你一些自己的看法和建议，但是不能帮你选择。你要记住，无论做任何事，最后的选择权都是你自己的，你不能只听别人的意见，而没有一点自己的想法。"

最后，班主任老师问小雨："你到底喜欢哪一份工作呢？你认为你干哪种工作更有发展呢？"小雨想了想说："我还是喜欢咨询工作，我有耐心，也愿意帮助别人，所以咨询工作比较适合我。物贸工作需要和很多陌生人打交道，我做起来可能很费力。"

班主任老师这时候肯定地点了点头说："看来你还是很了解自己的，知道自己什么地方有优势，什么地方比较欠缺，

可是既然这样你为什么总是寻求他人为你做出选择呢?你要记住,你要做一个有主见的人,这样你才能变得更成熟。"

男孩们,不知道你们是否也是这样,其实这种情况真的很多,很多人不仅大事做不了主,就连小事都去一遍遍地问别人请求帮忙拿主意。每个人都有不同的看法,所以到最后自己都迷糊了,根本不知道听谁的好。男孩们一定要记住,咨询别人的意见是好的,但是完全听从别人的意见就大可不必了。

不要事事总是寻求帮助,要学会自己做选择,这是一个成熟男孩必备的素质。

1. 从点滴小事做起

不要认为小事情不值一提,如果你连小事都做不好,哪有能力去做更大的事呢?男孩们,我们要懂得从生活中的小事做起,比如:当你在做作业的时候有人叫你去玩游戏,你就要想好,是认真做完作业之后再去做其他的事,还是选择游戏舍弃当前的事情?这些不起眼的小事,都能影响你的决策能力。

2. 认清方向

不管是生活还是学习,都处处面临着选择,选择就是让我们认清方向。如此才可避免误入歧途、浪费时间。人生的旅途中,有很多岔路口,一不小心就可能走上冤枉路。所以我们既要敢于做出选择,又要慎重对待自己的每一次选择。

第8章 自己做主——你应该有主见，但不要固执己见

心里悄悄话

男孩们，我们已经长大了，不是妈妈怀里的小孩子了，所以我们要学会成长。我们不能丧失自己的主见，完全听从别人的建议，把命运交给别人。要有自己的想法，学会自己做选择，这样我们才能变得更成熟，成为一个小男子汉。

有主见，不是要固执己见

有自己的想法，有自己的主见，这是好事，也是一种做人的优良素质，可是如果超过了一定的限度，就容易发展成为固执，也就是所谓的"固执己见"。我们应该知道，在许多事情上，固执己见是一种不懂得变通的表现，极易导致失误，甚至会害了自己。当有人在你人生奋斗的途中，向你提出某些方面的警告，一定要学会理智地分析这些警告的真正含义。一方面，不要因他人的错误劝解而放弃自己的目标；另一方面，也不能面对对方的善意且正确的规劝而无动于衷，固执己见。

有这样一头小毛驴，它非常的自以为是，高傲的不得了。一直以来，它总是觉得自己学识过人，懂得各方面的知识，可以说是非常的渊博。当别人向它提出善意的劝告时，它总是摆

出一副不以为然的样子。就连主人吩咐命令的话,它也不乐意听。

有一次,主人牵着这头小毛驴,让它驮着一袋粮食。主人拉小毛驴往左走,它偏偏不肯,就是要往右走。走在大街上,人来人往,主人想着在这里不好教训它,只好随着它去。

终于走出这条热闹的街市,他们来到一条小路前,小路弯弯曲曲,前方一直延伸到高山的山腰上去。走到山腰上时,主人紧紧地拽着缰绳,拉着小毛驴往前走。可是小毛驴又使起性子来,主人让它往左走,它就偏要往右走,主人拉它往右拐,它就偏要往左拐。眼看要走到山路最陡峭的地方了,主人小心翼翼地拉着小毛驴,引导着它往前走,可是小毛驴还是固执己见,按着自己的想法来,想往左就往左,想往右就往右。可把主人给气坏了,主人一怒之下大骂道:"你这只笨驴,你懂什么呢!你再往边上走就要掉到悬崖下去了!还不快给我走过来点!"

说着,主人用力把小毛驴往山路里侧拉了拉。小毛驴听见主人骂它什么都不懂,于是也生起气来,越加和主人对着干。主人让它往里走,它就偏要往外走。突然,小毛驴前脚踩了个空,打了个趔趄,眼看小毛驴就要掉下山了,主人连忙拉住缰绳,一边还指挥着小毛驴:"后脚踩稳了,前脚尽力往上攀啊!"可是,都这时候了,小毛驴还是固执己见,不听主人的劝告。主人见小毛驴依旧不按照他的意思去办,也无可奈何,加上小毛驴又驮着一袋粮食,那么重,单靠自己一个人的力量肯定也没办法把小毛驴拉上来。于是主人到最后只好松了缰绳,小毛驴便重重地摔下山崖了。

男孩们,看完这个故事,你有什么启发呢?在学习及生活中,我们要有自己独特的见解,可是不要太固执,因为我们自己的观点不一定全都是对的,此时就要学会慎重地分析问题。如果能发现错误,我们也要学会采纳别人建议,不断纠正自己。如果发现自己的观点并没有错,那么就要继续坚持自己的看法,只有这样才能更好地指导自己的行为,使自己在学习中不断进步。

1. 不断地反省自己

男孩们,如果你弄不清楚自己的决定是否正确,那么你就应该懂得自我反省。可以这样想一下:"这件事情我有没有太偏激、太固执的地方?别人的说法也有一定的道理,我还有需要改善的地方,这点以后要注意。"

2. 去实践一下,看看谁对谁错

男孩知道一句话"实践出真知",那么,当自己的决策被别人说成是"顽固不化"的时候,你不妨自己动手去实践一下。这样,你才会知道别人说的话到底有没有道理。

心里悄悄话

培根曾经说过这样一句话:"一个最可恶的人,是一切行

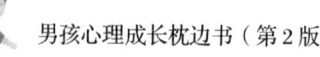

动都以自我为中心,就像地球之所以以自己为中心而转动,让其他星体在周围环绕运行一样。"因此,我们要摒弃以自我为中心的思想,不要执迷不悟,做一个有主见且能听得下别人意见的优秀少年。

第9章
不必较真——不拘泥于狭隘，用笑容征服人心

　　心的宽度决定你的风度，你的大气与宽容定会赢得更多的尊重。男孩们，博大的胸怀对人的一生，特别是心智等各方面处于成长阶段的青少年来说有着极大的益处。心胸宽广，你的路会越走越宽，反之，狭隘则会限制你人生的步伐。不管前方如何，好的心态和宽广的胸怀总能让你走出困境。男孩们，让我们学会用宽广的心活在当下，赢得尊重，成就未来吧！

心怀宽广，彰显男儿风度

法国作家维克多·雨果有这样一句名言："世界上最广阔的是海洋，比海洋更广阔的是天空，比天空更广阔的是人的胸怀。"胸怀宽广的人乐观向上，给人带来一种如沐春风的舒适感，他不因琐事而与人斤斤计较，也不因成败而耿耿于怀，他的气度为人所尊敬、热爱。男孩们，适当地放开胸怀，把目光放远，学会释怀，学会淡化，这样我们就会少了很多压力。身边的每一件事情都是幸福的源泉，只要我们敞开心扉，随手抓住的都会是快乐。

蔺相如是春秋战国时期赵国的大臣，他很有见识和才能，在"完璧归赵""渑池相会"两次外交斗争中，捍卫了赵国的尊严，地位在名将廉颇之上。这使廉颇很不服气，他对别人说："我廉颇攻无不克，战无不胜，为赵国立下了赫赫战功。蔺相如不过是凭一张嘴巴，说说而已，有什么了不起，反而爬到我的头上。一定要侮辱他一番。"蔺相如听说后，尽量不跟廉颇会面，每次出门，避开廉颇，有时甚至装病不去上朝。有一次蔺相如外出，远远看见廉颇的车马迎面而来，连忙叫车夫绕小路而行。

蔺相如手下的人对他这样卑躬让步的做法感到委屈，纷纷要求告老还乡。蔺相如执意挽留，并耐心地向他们解释说："诸位认为廉将军和秦王相比，哪个厉害？"众人都说："当然廉将军不及秦王了。"蔺相如说："对啦，天下的诸侯个个都怕秦王，可是为了赵国，我敢在秦国的朝廷上斥责他，怎么会见到廉将军反而害怕了呢？你们的心情我是理解的，可是，你们想过没有，强大的秦国之所以不敢攻打赵国，就是因为赵国有我和廉将军两人的缘故。如果两虎相斗，势必两败俱伤。我不计个人恩怨，处处让着廉将军，是从国家的利益着想啊。"听了这番话，大家都消了气，打消了告辞还乡的念头，反而更加尊敬蔺相如了。

后来，有人把蔺相如的话告诉了廉颇，廉颇深受感动，惭愧万分，觉得自己心胸竟然如此狭窄，实在对不起蔺相如，决心当面请罪。一天，他脱下战袍，赤身背着荆条，来到蔺相如的府第，"扑"地跪在地上，老泪纵横，泣不成声地对蔺相如说："我是一鄙陋的粗人，见识浅薄，气量狭窄，没想到您对我竟如此宽宏大量，我实在无脸见您，请您用力责打我吧！就是把我打死了，也心甘情愿。"蔺相如见到此情景，急忙扶起廉颇，给他穿好衣服，拉着他的手请他坐下。从此两人消除隔阂，加强了团结，同心协力，保卫赵国，强大的秦国更加不敢轻易地侵犯赵国了。

男孩们，一个大度的人，一个心怀天下的人不会计较个人得失的，蔺相如正是真君子！他心胸宽广，不计前嫌，正是因为他这种高尚的情怀，使他至今仍让人敬重、赞扬。男孩们是否也有这样的心胸呢？

1. 不要对往事耿耿于怀

齐桓公任用曾经射杀过自己的管仲，李世民重用曾经建议太子杀掉自己的魏征，古往今来，用宽容化解仇恨的例子又有多少呢？一代代伟人面对的问题难道比不过我们生活中的磕磕绊绊吗？男孩们，有些事情过去就是过去了，不要折磨自己，浪费时间纠结，心宽一点，内心的垃圾就会少一点。

2. 自我调节非常重要

想改变自己，就要学会调节自己的心态。男孩可以试着利用校园环境多加改善自己，让自己变得更加优秀。我们不要总是封闭自己，要学会融入到学校这个大家庭里，多去参加一些文体活动，适当的劳逸结合。在学习的过程中多与同学交流、谈心、分享，其实，在与人接触的过程中，也会使我们的心胸变得更广阔。

心里悄悄话

男孩们，一个宽容的人也一定要有一颗公德心，一颗热爱集体的心。因为我们迟早有一天会融入到学校及社会这个大家庭，在这个大家庭里，我们要与人交流，要学会适应不同性格的人，而不是以自我为中心，这时候我们需要学会用一颗包容的心去对待他人。比如，在学校的活动中，要有着高度的集体荣誉感，对集体的事情有一定的责任心，不计个人得失，这样才能真正地成为一名坦荡高尚的好少年。

不做"小心眼"的男孩

很多人都看过《三国演义》，书中周瑜的形象可以说是深入人心。他是一个才高八斗之人，却因心胸狭隘而英年早逝。"既生瑜何生亮"道出了他内心的无尽哀怨，这是周瑜对自己的才华比不过诸葛亮的一种叹息。成大事者，必然有着宽广的胸怀，不因琐事而烦忧，不因嫉妒而丧失本心，这样才会全身心地投入到自己的事业中去。

从小到大，章皓就是一个非常出色的男孩，特别是在学习方面表现得尤为突出。他有着非常强烈的好胜心，不仅聪明而且刻苦，可以说在这方面父母感到非常自豪，并深得老师的喜爱。每次学校有各种竞赛或者活动，他都能取得非常优异的成绩。长期以来，他的优越感越来越强，心里不免产生这样一种心理：我就是最棒的，别人肯定不能超越我。

人无完人，纵然章皓在学习上非常突出，但是在性格上他有一个非常大的缺陷，那就是心胸比较狭隘。他的优越感太强，所以每当看到别人表现得出色被夸赞的时候，他都非常不服，如果老师批评了他，他就觉得难以接受。这样的性格也让他与同学之间的距离越发的疏远，许多同学都不太愿意接近他。

曾经有一件事情影响挺大的，那还是章皓上幼儿园的时候，和一个小朋友争吵起来，老师批评了他们。他觉得自己很委屈，回家后又哭又闹，逼着妈妈给他转幼儿园。妈妈拗不过他，只好给他换了一所幼儿园。章皓上了小学后，他的班主任和任课老师都很喜欢他，但他心胸狭窄的性格还是没有改。班级中如果某个同学在哪方面超过了他，他就会非常气愤，想方设法打击、报复或者诽谤同学，以发泄心中的不满，久而久之，同学们渐渐疏远了他。

章皓不仅接受不了别人比他优秀，而且也接受不了老师对他的忽视或批评教育。有一次，老师表扬了其他班干部，而没有表扬他。老师说他学习好，工作能力强，就是工作方法上存在着一些问题，同学关系有时会出现一点紧张，希望他能稍微改变一下。其实当时老师只是委婉地给他建议，而且也是站在他的角度替他着想，可是在章皓看来这是一件完全接受不了的事，心高气傲的他怎么能受得了。为了这件事，章皓一连几天吃不下饭，也不说话，他觉得太不公平了，老师怎么能这样对待他呢？

长期下来，章皓的性格缺陷给他造成了很大的困扰，内心烦闷也无人倾诉，同学关系紧张，同时他的"小心眼"给自己又施加了过多的精神压力，章皓变得越来越孤僻。

男孩们，心胸狭隘折磨的不是别人，而是自己。人生的路还很长，不要像章皓那样限制自己前进的脚步。心胸狭窄的人遇到不如意的事情就会愤怒、焦躁、沮丧、惧怕、胆怯等，不仅会使自己陷入懊恼、忧伤的恶劣心境中不能自拔，甚至还会因不能冷静地坦然处之，使事情雪上加霜。放宽心吧，这样的你才会充满阳光，变得快乐而又积极。

1. 分享会让你收获更多的爱

一个懂得分享的人，收获的是更多的欢乐与关爱。男孩们，胸怀宽广的人是一个慷慨、大气、乐于分享的人，而不是一个霸道、小气、有着强烈独占欲的人。学习中我们可以互相学习，乐于分享，这样才是一种共同进步的良好方式。

2. 狭隘会让你成为一个孤独者

在交往过程中，狭隘的人总是接受不了别人的过人之处，无法欣赏他人，长此以往就会出现人际关系危机。朋友的缺失会让自己越发孤僻，有事无人帮忙，无人可以倾诉，极易导致自己陷入悲观情绪里无法自拔。

心里悄悄话

不管经历什么，好的心态和宽广的胸怀总能让你走出困境。心胸狭窄带来的是更多的不幸与压抑。宽广的内心带给你的是充满斗志的现在和更明朗的未来。男孩们，知道怎么做了吧？

原谅，是内心的一次释放

佛说，不宽恕众生，不原谅众生，是苦了你自己。是的，原谅是一种胸怀，原谅也是一种魄力，一个懂得原谅的人，更是一个懂得自我救赎的人。

王凯和他的同学张晨是无话不谈的铁哥们，他们一起大学毕业，去了同一家公司试用。他们共同拜访了一位大客户，几乎谈成一单大生意，已经有了初步合作的意向，只等第二天签合同。王凯和张晨非常兴奋，在宿舍里喝酒庆祝。结果他喝得酩酊大醉，一直睡到第二天清晨。醒来后，发现张晨不见了。等去了公司才知道，张晨趁他烂醉如泥的时候，提前签成了那单生意。当然，所有的功劳都成了张晨一个人的。

王凯去找张晨算账。对方辩解说，喝完酒，心里不踏实，所以打算连夜将那个合同搞定。想和他一起去，可是叫了他半个小时，也没能把他叫醒。他当然不信，和同学争吵，可是有什么用呢？因为那单大生意，他的同学升了职，并一直做到部门经理。而他，在很长的一段时间里，一直是公司的一个小业务员。

王凯接受了事实，继续埋头苦干，也谈成几单重要的生意，一年之后也升了职。可他就是不能原谅张晨。他和张晨彻底绝交，拒绝出席一切有张晨在的场合。他说只要看到张晨那张脸，他就愤怒到极点，恨不得将那张脸踩扁。

王凯说，他什么都可以宽容，但就是不能够宽容卑鄙。他谁都可以原谅，就是不能够原谅张晨。

后来，张晨多次找到他，跟他道歉。可是他对张晨的道歉总是置之不理。其实，他自己也并不快乐。尽管他也升到了部门经理，可是同在一个公司，哪怕再小心翼翼，也会见面。每到这时，王凯就会把头扭到一边，脸色铁青。哪怕，一秒钟前他还在捧腹大笑。

王凯也觉得自己很难受。本来，犯错的是张晨，要受到心灵惩罚的，也应该是张晨。怎么到最后，难受的人竟成了他自己？并且，一直持续了好几年。

而王凯之所以难受，是因为他有了太多的恨。如果一个人对另一个人有了仇恨，那么，他就会不快乐。多年来，他对张晨的仇恨在心中被无限放大，并最终变得根深蒂固。心中被仇恨占满了，快乐放在哪里呢？原谅张晨曾经的过错，其实对于他自己也是一种解脱。

后来，王凯最终还是试着跟张晨交流了一下。结果，多年的积怨一扫而光，他们再次成了朋友。因为不再刻意回避张晨，他的事业也更加顺利，并再次升了职。

男孩们，原谅的过程也是解脱的过程，我们何乐而不为呢？

1. 何必为那么多琐事较真

生活中我们会经历很多事情，如果凡事我们都要较真，那人生岂不是活得很累。在这个过程中，不仅自己变得异常痛苦，同时还会让对方有受侮辱的感觉。所以，看开点，只要不触及太大的问题，小事情还是以宽容和原谅为本，这样也避免了在和他人置气过程中自己受到伤害。

2. 人都是不完美的

每个人都有一定的缺点，不可能事事做得完美无瑕，所以，有的时候犯错也是他人的无心之失。如果面对他人的道歉还是斤斤计较，无法释怀的话，那么就太过于"小心眼"了。因此，坦荡一点，淡然一点，这样你的生活才会更加的舒心。

心里悄悄话

男孩们，有句话说得好，"仇恨，只能产生新的仇恨。"是的，如果总是把一些矛盾埋在自己的心里，那么这个人就会变得越发的沉重压抑，并且会给周围的人带来消极的影响。而放下、原谅，则是一种积极信号，能够让正能量相互传递，最终达到圆满。

嫉妒，是人的一大天敌

嫉妒心理在生活中是很常见的，比如说，当一群人在夸赞某一个孩子很优秀的时候，另外一个孩子心里会很难过、生气，甚至有可能去伤害他人，其实这就是一种嫉妒心理。面对自己的不足，不同的人有着不同的改善方法。有的人看到自己的不足与他人的差距之后，就会非常努力地去提升自己，让自己变得与别人一样优秀；而有的人就会产生极大的嫉妒心理去伤害他人、诽谤他人。嫉妒是一种心理疾病，它会把人们引向人生的沼泽。所以说，男孩们，与其去嫉妒，不如多花时间去强大自己，这样才是一种健康向上的生活态度。

孙膑和庞涓是师出同门的师兄弟，共同拜师于鬼谷子，两人一起学习兵法。后来，有消息传出，魏国国君要招贤纳士，希望能得到一名有才能的人做魏国的将相，前途可谓是一片大好。当庞涓听到这个消息的时候可以说是激动万分，他已经厌倦了长时间在深山学习兵法的日子，而且感觉自己已经学到了一身本事，可以下山历练了，更何况是面对如此好的前景。而此时孙膑觉得自己学业尚未精熟，仍需进一步深造，所以他表示继续留在山上磨炼自己。

下山之后，庞涓便只身一人去了魏国。见到魏王，庞涓与魏王深切地交谈起来，并阐述了自己在军事方面的独特见解，他的思想深得魏王的喜爱，慢慢受到了魏王的赏识。在这期间，孙膑却仍在山中跟随先生学习，他原来就比庞涓学得扎实，加上先生见他为人诚实、正派，又把秘不传人的兵法让他细细地学习、领会，因此孙膑此时的才能远远超过了庞涓。一段时间过后，山下来了一位魏国使臣，带着丰厚的礼物和崇高的礼节来迎接孙膑下山。孙膑受到老师的鼓励，于是秉承师命，随魏国使臣下山。

第9章 不必较真——不拘泥于狭隘，用笑容征服人心

到了魏国，孙膑便住到了庞涓府里。从表面上来看，庞涓对于师兄的到来表现得非常高兴，可是内心里，他却极其紧张、不安，他担心有朝一日孙膑一定会夺走属于自己的一切，成为魏王最赏识的人。又得知自己下山后，孙膑在先生的教诲下，学问、才能更高于从前，更是十分嫉妒。同时，由于魏王十分器重孙膑，更使庞涓产生了危机感，于是他下定决心：一定要除掉孙膑。孙膑是齐国人，他仿照孙膑的笔迹写了一封思念家乡、急于离开魏国的家书呈给魏王以栽赃孙膑，魏王大怒，孙膑被处以膑刑。庞涓假意收留了孙膑，这让孙膑感激涕零，实际上庞涓是想监禁孙膑。最后孙膑知道了事情的真相，他对此感到非常担忧，于是心生一计，装疯并伺机寻找逃出庞涓府邸的机会。庞涓技不如孙膑，多次试探之后认为孙膑是真的疯了，从此，随着时间的推移，庞涓对孙膑也就慢慢放下心来，对他的监视也松懈了许多。过了一段时间之后，当初了解孙膑的才能与智谋、向魏王推荐孙膑的墨翟将孙膑的境遇告诉了齐国大将田忌，又讲述了孙膑的杰出才能，田忌把情况报告了齐威王，齐威王要他无论用什么方法也要把孙膑救出来，为齐国效力。因此，田忌就派人到魏国，趁庞涓疏忽之际，在一个夜晚，先用一人扮作疯了的孙膑把真孙膑换出来，脱离庞涓的监视，然后快马加鞭迅速载着孙膑逃出了魏国。

从此以后，庞涓内心的嫉妒和愤恨与日俱增，他把孙膑当作是最大的威胁，每时每刻都盼望着有机会能置孙膑于死地。

最终，庞涓在马陵道之战中中了孙膑的埋伏。万箭之下，庞涓无路可逃，自杀身亡。

男孩们，嫉妒是人的一大天敌，它能让人丧失本性，变得疯狂。往往一个有着严重嫉妒心理的人，他是以恨人开始，以害己而告终的。远离嫉妒吧，否则受害最大的只有你自己。

①待人真诚一点，学会站在他人角度思考问题，为他人着想，多一点交流多一点情感；

②不要总是比较他人，做好自己，争取每一天都是进步的；

③心胸豁达，做一个宽容的人，一个快快乐乐的人；

④向对方公开展示自己的抱负，提高自己在对方心目中的地位，给自己增加压力，利用竞争督促自己上进；

⑤懂得赞赏，懂得学习，每个人都有值得借鉴的地方；

⑥把别人的成就看成是对社会的贡献，而不是对自己的剥夺或威胁，将别人的成功当作一道风景线来欣赏；

⑦让自己的生活多一点美好，不断充实自己，发现自己的闪光点，不断发扬；发现自己的不足，学会改变。

心里悄悄话

男孩们，在家里我们是家人的宝贝，享受着无限的关爱和保护，但是我们要知道不能因此纵容自己，否则极易养成以自我为中心的心理，总是想着霸占一切美好。我们要学会分享，学会为他人着想，这样才是一个人见人爱的男孩。

给他人一个改过的机会

人非圣贤孰能无过,我们都是普普通通的人,所以,谁都有可能会犯错误。面对他人的一些小小过失,面对他人诚恳的道歉,我们是选择长久记恨还是一笑而过呢?其实,很多事情是可以被原谅的,一个淡淡的微笑,一句轻轻的歉语,便可以带来包涵和谅解。对他人的包容,就是对自己的善待。包容是一种幸福,在饶恕别人的同时,给了别人机会,也取得了别人的信任和尊敬。所以说,包容是一种无形的幸福。

朝阳升起之前,庙前山门外凝满露珠的春草里跪着一个人:"师父,请原谅我。"他是某城的风流浪子,二十年前曾是庙里的小沙弥,极得方丈宠爱。方丈将毕生所学全数教授,希望他能成为出色的佛门弟子。他却在一夜间动了凡心,偷偷下了山。五光十色的城市遮住了他的眼睛,从此花街柳巷,他只管放浪形骸。

夜夜都是春,却夜夜不是春。二十年后的一个深夜,他陡然惊醒,窗外月色如洗,澄明清澈地洒在他的掌心。他忽然深深忏悔,披衣而起,快马加鞭赶往寺里。

"师父,你肯饶恕我,再收我做弟子吗?"方丈深深厌恶他的放荡,只是摇头。"不,你罪过深重,必堕地狱,要想佛祖饶恕,除非——"方丈信手一指供桌,"连桌子也会开花。"浪子失望地离开了。

161

第二天早上，方丈踏进佛堂的时候，惊呆了：一夜间，佛桌上开满了大簇大簇的花朵，红的、白的，每一朵都芳香逼人，佛堂里一丝风也没有，那些盛开的花朵却簌簌急摇，仿佛是焦灼的召唤。

方丈在瞬间大彻大悟。他连忙下山寻找浪子，却已经来不及了，心灰意懒的浪子又重堕入他原本的荒唐生活。

而佛桌上开出的那些花朵，只开放了短短的一天。

是夜，方丈圆寂，临终遗言：这世上，没有什么歧途不可以回头，没有什么错误不可以改正。一个真心向善的念头，是最罕有的奇迹，好像佛桌上开出的花朵。而让奇迹陨灭的，不是错误，是一颗冰冷的、不肯原谅、不肯相信的心。

曾经有一个男孩，从小家里条件比较艰苦，但是他却有着一颗朴实善良的心。小时候就喜欢广交朋友，可以说是一位懂得患难与共、十分讲义气的好哥们。

讲究哥们义气，在年少轻狂的年纪极易因冲动而犯下错误，他也没有例外。有一次，朋友在外面受了欺负，他气不过，领着人冲了出去。气出了，他也因此被送进了班房。拘留所里的他后悔不迭。

面对着当前的环境，看着落魄的自己，他感觉人生就要完了，此刻的他非常绝望，但出乎意料的是他被放了出来。后来，他才知道，按照法律的硬性规定，他可能要被关更长的一段时间，但处理此事的一位老同志看他还年轻，不愿就此毁了他的前程，于是就给了他一个改正的机会。

在走出拘留所的时候，那位解救他人生的老同志对他说："小伙子，错有轻重，你要看清楚事态的严重性，这种错误一次就足够了。你的人生还有很长的路，切记走好以后的每一步。"

此刻他非常惭愧，使劲点头，心中暗自发誓，一定好好改过，对得起老同志给的这个重生的机会。

二十年的时间飞逝而过，曾经的年轻人早已不再那么冲动，心态愈加成熟，前行的脚步也更加沉稳。几番磨砺，他成功了，创立的企业以惊人的速度成长，成为行业的佼佼者。他——就是蒙牛集团老总牛根生。

男孩们，给他人一个改过的机会对于彼此都是一种好的解脱，或许可以改变人们的一生。每个人都应该拥有一个被宽恕的机会，而我们每一个人也都应该珍惜别人对自己的谅解和包容。

1. 相信他人能够悔改

俗话说："浪子回头金不换。"只要有一颗真正懂得悔改的心，其实很多错误是可以原谅的，因为我们生活中很多都是一些磕磕绊绊的小事而已。对待那些迷途知返的人，也应该以一颗宽容的心对待他们，这样更利于人与人之间友谊的长久。

2. 相信自己内心足够宽阔

相信自己，不会为一些琐事叨扰，相信自己，不会因小事而斤斤计较，因为你是一个心怀宽广的人。宽容是一种心态,也是一种气度,斤斤计较的狭隘之心必然处处失人,处处失事。

心里悄悄话

很多时候,做人就像做事一样,有的时候要以退为进,给别人机会,且暂时的退却并不代表落后,而是为了取得更大的前进。

第 10 章

独立思考——发散思维，方法总是比问题要多

只要你肯思考，方法总比问题多，因为人类有着强大的思维能力。男孩们，有时候你会觉得解决问题的步骤很复杂，恰恰说明你思考得太简单。其实很多问题直路不一定能直达，弯路不一定会绕远，做事情还是要懂得多角度思考问题，发散自己的思维，这样在你看似不可能的想法，也许就是答案的藏身之处。

第10章　独立思考——发散思维，方法总是比问题要多

不要让思维定势禁锢

思维定势，也就是所说的"惯性思维"，在一定意义上来说，思维定势是束缚创造性思维的枷锁。生活中，惯性思维对人们的影响比较大。其实，惯性思维在我们生活中的绝大部分表现为习惯。思维定势会严重阻碍人们的发展与创新，及时地打破思维定势，才能取得更大的突破。

莫扎特和海顿都是非常著名的音乐大师，同时他们也是关系密切的好友，平日里两人常常聚在一起交流各自对音乐的理解和看法。有一次，莫扎特新谱了一首钢琴曲，这首曲子的难度特别大，于是他就去找海顿一起交流。海顿看完莫扎特的这首钢琴曲，有些疑惑地说："这首曲子根本无法弹奏出来，你看当你两只手在钢琴的两端弹奏时，突然出现一个钢琴中央的音符，你总不会有第三只手来弹奏吧！"

这时候看到海顿疑惑的表情，莫扎特笑了。于是他拿着乐谱在钢琴前弹了起来，当弹奏到这个中间音符时，莫扎特低下头用自己的鼻子敲击了那个琴键，完美地演奏出了这首曲子，使得一旁的海顿赞叹不已。

一首难度极高的曲子，在海顿看来是不可能弹奏出来的，

因为没有第三只手。可是我们想不到的是莫扎特竟然用鼻子去敲击琴键，这完全突破了人们普通的思维方式，让这一首难度极高的曲子完美地呈现了出来。

男孩们，在遇到问题时，如果按照常规的方法无法解决，我们为何不去拐个弯，换一种思维呢？成功者善于使用经验，他们也更懂得如何让自己突破思维定势的怪圈，遇事能够具体问题具体分析，避免头脑以瞬间的定势反应，让自己犯下因循旧路的错误。

一次，吕班受命潜入一位公爵的家，去偷取一份重要的外交信件。

当夜，吕班拿到了这封信件，刚要离开公爵的房子时，听到楼下有人走动。是公爵回来了，怎么办？从楼里冲出去，不但会暴露自己的身份，而且信件也保不住；跳窗逃走吧，窗下是一条河，跳到水里会弄湿信件。正在这时，他看见对面楼房的窗口外，他的帮手正等着接应他。于是，他站到窗外，探身，伸手把信件递过去，遗憾的是就差一点儿，对方接不到信。此时又没有棍子或绳子一类的东西可以利用。在这紧急关头，聪明的吕班灵机一动，想出了一条妙计，结果他只用了十几秒钟，便把信件稳妥地传给了他的帮手。然后，他跳入河中，安全离去。

吕班是怎样把信件传给他的帮手的呢？原来，吕班在危急中撇开了用手传信的习惯思路，想到了运用比手臂长的腿和脚。他用脚趾夹住信件,把脚伸向他的帮手,对方也照此行事,信件就巧妙地传递过去了。

这个方法可能大家会觉得很简单,但是在危急时刻你能想到吗?事实证明吕班的这一举动确实带来了不同寻常的意义,取得了最后的成功。这就是敢于打破常规,突破思维定势,创造性解决问题的一个很成功的案例。

1. 更新陈旧观念,解放思想

"天下乌鸦一般黑啊!""是啊,从小大家都这样说。""是的,书本上也是这样记载的。"事情真是这样吗?可是国内外有许多报刊报道说,在世界不少地方都发现了白乌鸦。这是千真万确的吗?为什么直到现在才发现白乌鸦?究其原因,就在于"爷爷告诉的""书本上写的"等旧观念束缚了世人的头脑。因此,男孩们,"尽信书则不如无书",要打破思维定势,就须从怀疑旧观念、发现新事物开始。

2. 多想,多尝试

前人留下的经验就是真理吗?我们难道就要依靠经验,忽视自己的思维吗?男孩们,学习中何尝不是如此啊!在做习题的时候,我们可能会更多的依赖一些总结的方法。其实,自己遇到难题时,多去思考一下,多尝试着去钻研一些"另类"方法,或许你就能拓展更多的解题思路。

心里悄悄话

男孩们，我们现在还处于学习阶段，学习中切忌思维定势，不要钻牛角尖，一定要懂得独立思考，换个角度解决问题，这样你才能更简单地突破难关。

大脑拐个弯，定会豁然开朗

大多时候，人们总是把自己逼到一个问题的角落里，苦苦钻研，可是怎么也找不到出路，与其如此，为何不选择动动脑筋转个弯呢？多一种思路，就多一条出路。思路转变人生，观念影响前途。任何失败起初就是因为产生了一个坏的思路。基于现状，你必须要有一个很清晰的思路。思路直接影响着你将要做的，而你所做的又将决定你未来的发展。男孩们，请记住：很多事情我们确实是无法改变，可是我们可以改变自己，改变我们的思路。

曾经有一家公司，他们主要做牙膏生意，多年来，该公司的产品不论是包装还是质量都做得非常优秀，一直以来都深受大众喜爱。公司的成绩非常显著，每年的营业额蒸蒸日上。记录显示，前10年，每年的营业额增长率为10%～20%。这令董事会兴奋万分。

可是，接下来的3年公司的销售业绩却停滞下来，效益非常

第10章　独立思考——发散思维，方法总是比问题要多

不好。因此这种状况引起了董事会的担忧与不满，便召开经理以上级的高层会议，商讨对策。

开会的过程中，有位年轻经理突然站起来，对总裁说："我手中有一张纸条，纸条里有个建议，若您要采用我的建议，必须另付我5万美元。"

总裁听了很不高兴，他说："你不觉得你这样说太无礼了？我按月给你薪资，此外还包括奖金与分红，现在一起开会出谋划策是你的职责所在，你竟然还要求额外给你5万美元。""总裁先生，请别误会，您支付我的薪水，是让我平时卖力为公司工作，但这是一个重大而又有价值的建议，您应该支付我额外的奖金。若我的建议行不通，您可以将它丢弃，1分钱也不必支付。但是，您损失的必定不止5万美元。"年轻的经理解释说。"好，我就看看它为何值这么多钱？"总裁接过那张纸条，阅毕，马上签了一张5万美元的支票给了那个年轻的经理。那张纸条上只写了一句话："将现在的牙膏开口直径扩大1毫米。"

总裁决心放手试一下，于是命令各部门开始行动起来。换新包装之后，消费者每天刷牙就多用直径扩大1毫米的牙膏，每天牙膏的消费量将多出多少倍呢？这个决定，使该公司下一年的营业额增加了32%。

男孩们，看到了吧，大脑转个弯，这样一个小小的思维转变，却能获得意想不到的效果，这就是思维力量的强大。我

们要学习这位经理敢于突破常规，多动脑，转变思维模式的思想，或许你就会很快从传统的思维中探索出一条新的道路，那么你打开的这"1毫米"的思维将会给你带来不一样的结果！

1. 多去想，懂得变通

人有着灵活的大脑，所以遇到事情不要总是一根筋，学会变通才能有所突破。做事情要灵活地处理问题，如果这个方法不行，我们可以选择另一种方法，不要太死板，具体问题必须要具体分析。否则，前面已经是万丈深渊了，难道还要跳下去？

2. 要有怀疑的精神

"前辈谓学贵有疑，小疑则小进，大疑则大进。"怀疑的精神对于产生创造性的思想是非常重要的。男孩们，我们的大脑中要时刻存在一个问号，敢于质疑，发表自己的看法，这是提升创新能力的重要一步。

心里悄悄话

随机应变，灵活变通是一种智慧，这种智慧让人受益。我们要记住的是：任何事情，要是都能用积极的心态、多换几个角度去思考问题，肯定都会有通融的办法。"红灯亮了绕道走"——学会多角度灵活地看待并处理问题，生活会因此而大放光彩的！

问题其实不难，只是你不懂思考

很多时候，我们总是抱怨，抱怨面对的问题太难，根本没法解决。可是，我们为何不从自身找原因呢？前方的路是靠我们一步步走出来的，那好的想法和解决思路也是靠我们一点点想出来的。没有什么"不可能"，只是我们不懂得思考，只是我们"没想到"罢了。不管是生活还是学习，我们都会遇到这样那样的问题，其实很多问题并不难，是我们不会思考，开动脑筋，转个弯，或许一切将会豁然开朗。学会思考吧，也许有一天你也会发明前人不曾敢想的事物，你也会创造一个新的奇迹。

李莉和张潇是从小的好朋友，平日里经常在一起，但在学习的问题上她们却走着不同的路线。李莉擅长做理科题，她不仅善于做题，而且是喜欢做题。李莉自己曾经说过，越是难做的题，越是别人都做不出来的题目，她反而越会愿意去想。

和李莉相反，张潇并不喜欢思考，有不懂的就直接找李莉去问。

李莉并不保守，把她所能想到的全盘拖出，尽管张潇也很聪明，李莉一讲她就明白了。奇怪的是，张潇的成绩却始终不会高过李莉。

张潇以前听爸爸说，人的大脑要持续运转才行，如果长时间不用，就会变迟钝。李莉的大脑是经常思考问题的，所以变得越来越活跃，以至于经常想到常人想不出来的方法。张潇也想变得和李莉一样，变得爱思考。

张潇想，今后再有不会的题目，要先自己去思考，如果实在是想不出来，再去问李莉吧。虽然张潇羡慕李莉的脑瓜，不过那是后天修炼来的，所以张潇也要让自己变得更聪明更有能力。

是啊，如果只是寻求他人的帮助，不懂得独立思考，那么我们的思维就会受到越来越大的限制，久而久之，什么问题也解决不了。男孩们，时刻记得：思考会让你的大脑越来越灵活。

爱因斯坦对为他写传记的作家塞利希说："我没有什么特别才能，不过喜欢寻根究底地追问问题罢了。"在这个寻根究底的过程中，最常用的方法就是用脑思考。他自己深有体会地说："学习知识要善于思考、思考、再思考，我就是靠这个学习方法成为科学家的。"

达尔文说："我耐心地回想或思考任何悬而未决的问题，甚至花费数年亦在所不惜。"

牛顿说："思索，持续不断地思索，以待天曙，渐渐地见得光明。如果说我对世界有些微薄的贡献，那不是由于别的，只是由于我的辛勤耐久的思索所致。"他甚至这样评价思考："我的成就当归功于精微的思索。"

男孩们，看完这些名人的经验，我们应该明白思考的重要意义。思考会让你学会主动地去发现问题、分析问题、解决问题，在这个过程中你的思维将会得到很大的提升。思考是一个人有所创造最重要、最基本的心理品质，独立思考是创新思维的助手。所以，养成独立思考的习惯，是成大事者必备的条件。

1. 敢于质疑

很多人总是对一些所谓的权威表示盲目崇拜，其实，学习知识要不唯书、不唯上、不迷信老师和家长、不轻信他人。要保持内心的好奇心和求知欲，敢于说出自己的独特见解，这是提升创新能力的重要一环。

2. 不要被困难吓倒

考试的时候很多人看到题目，脑海中总是出现"太难了，我肯定解答不出来"这种悲观消极的思想。男孩们，遇到难题我们首先不要被吓倒了，你不去思考，不去一步步的解析，你怎么知道不会呢？就算你没解答到最后，但是这个开动脑筋解答的过程却极好地锻炼了你的思维能力。所以说，不要紧张，也不要放弃，只有思考才能寻找到问题的出路。

心里悄悄话

男孩们，学习中我们可以尽可能多地给自己提一些"假如……""如果……""否则……"之类的问题，这样能强迫自己换另一个角度去思考，想自己或别人未想过的问题，必定收获不一样的效果。

事情太多？那就先做最重要的

我们平日里可能会遇到这样的场景：有些人整天忙来忙去，可总是忙不出什么结果；有的人看似比较清闲，却事事处理得非常到位。大家想一想，为什么同样是一天，不同的人收到的却是不同的效果呢？其实，有时候生活中事情太多，会把一部分的人搞得焦头烂额，思绪已经乱得不知从何处梳理，这个时候我们就要学会先弄清楚哪件事才是最重要的，把最重要的事情先做好，这样才能有条不紊地去完成自己的任务，让思绪保持清晰。

男孩们，我们在不断成长的过程中，视野也会变得越发开阔起来，与此同时，生活中面临的问题也会不断增多，甚至有时候会遇到一些措手不及的事情。置身于其中，我们有时真的会感到眼花缭乱，但这些事情又都与我们有关，都必须去处理。因此，我们需要保持清醒的头脑，不能乱了分寸，我们要相信方法总比问题多，分清主次，逐步攻破各个难关。

上课铃响，老师走进教室，这时同学们看到老师像是要给大家做实验的样子。老师的手里拿着两样东西，一个是大口的玻璃瓶，另一个是一袋小石块和沙子。这时候，老师将石块一块一块地陆续放进瓶子里，直到石块达到瓶口的位置，看上去再也放不下任何一块石块的时候，这位老师开始向他的学生们抛出问题："瓶子是否已经被塞满？"

这时学生们齐声大喊"满了",可是老师却一言不发,默默地把那些小的石块倒进了玻璃瓶里,并不断地敲击着瓶子的玻璃壁,以便于小石子能够更充分地填满石块间的间隙。"同学们,现在呢?"下面的学生已经明白了其中的道理,都说着"没有"之类的话。很多的学生给出了全新的答案。

"说的好!"接下来,老师又拿起沙子完全地倒入了玻璃瓶。沙子填满了石块和砾石间的所有间隙。这时候同学们还是说:"没有满。"最后老师拿出一杯水将它全部倒进了玻璃瓶,水面刚好到达瓶口的位置。

老师的实验这时候宣布结束了,整理好所有的器具和材料,老师提出了这样一个问题:"同学们,你能从实验中得出什么道理呢?"一个学生很快地举起手发言:"它告诉我们,无论你的时间表已经安排得多么紧凑,只要你真的肯再加把劲,就还能够挤出一些时间去做更多的事情。""很有道理。实验能给人带来很多方面的启发,但是本次实验老师的初衷是为了告诉大家另外一个道理。那就是如果你没有先把那些石块放进瓶子里,那么等到所有的东西都被陆续放进去的时候,你就再也无法把那些最大也是最重要的石块放进去了。同学们,你知道自己生活中的'石块''小石子''沙子'各是什么吗?想必只有你自己最明白。老师只是提醒你们应该首先处理好这些'石块',否则你将一生都与它擦肩而过,那么就只剩下后悔和抱怨了。"

177

男孩们，随着我们渐渐长大，我们要处理的事情将会更多，这时候就要看我们的大脑是否灵活，思维是否清晰，能够懂得合理安排各项事宜。男孩们请记住，如果感到头绪混乱，不知如何下手，那就先把最重要的事情做好，久而久之，你就会在不自觉中做成自己想要做的事。

1. 学会合理安排时间

男孩们，如果你感觉自己找不到头绪，面对一堆问题感到紧迫，不妨合理利用晚上的时间。每天的前一晚我们可以好好思考一下明天的任务是什么，如果记不住也可以把事情记在本子上，依"重要性"和"紧迫性"加以排列。

2. 有时候不妨试试下面的点子来处理事情

不要想把所有的事情都做完；手边的事情并不一定是最重要的事情；如果你已经把最重要的事情都做完了，那么，剩下的事情可以明天再做。

心里悄悄话

男孩们，我们已经是十几岁的小少年了，我们应该有自己的想法和处事的主意，遇事保持积极乐观的心态，稳妥而又分清主次地做好每一件事情。

创新，思维的最高境界

一家优秀企业为适应形势发展需要进一步扩大经营规模，准备高薪诚聘营销主管一名。消息传开，参加应聘的人可谓是人山人海。面对如此多的应聘人员，经理说："我们现在需要的是一名各方面素质极为优秀的营销人才，此刻我为大家准备的是一道实践性的试题：想办法把木梳尽量多地卖给和尚。"题目一出，有的人感到困惑，有的人感到愤怒，有的人感到不可理喻……没过多长时间，应聘者就只剩下了三个人。此时，招聘经理对这三个应聘者交代："以十日为限，届时请各位将销售成果向我汇报。"

转眼间十天就过去了。

这时第一个人来到经理办公室，经理问："你卖得如何呢？"他说："只卖出去一把。""怎么卖的？"他如实的把过程中的艰辛与和尚们对他的批判告诉了经理。幸运的是在下山途中，他遇到一个小和尚正在一边晒太阳，一边使劲挠着头皮。他灵机一动，赶忙递上了木梳，小和尚用后满心欢喜，于是买下了一把。

紧接着第二位走进了办公室，经理问了同样的问题。他告诉经理卖了10把。他说这几天去了一座古寺，那里有很多进香的人，可是山上风挺大的，吹得进香者的头发都凌乱了。他找到了寺院的住持说："蓬头垢面是对佛祖的不敬，应在每个殿堂的香案前放把木梳，供善男信女们梳理鬓发。"住持采纳了他的建议。那个古寺共有10个殿堂，于是他买下了10把木梳。

第三位进去之后，他的回答让经理大吃一惊，他竟然卖出去了1000把梳子。他说他打听到了一处颇具盛名的、香火极旺的深山宝刹，那里每天朝圣者如云，施主络绎不绝，他对住持说："凡来进香朝拜者，都有一颗虔诚之心，宝刹应有所回赠，以作纪念，保佑其平安吉祥，鼓励其多做善事。我有一批木梳，您的书法超群，可在上面写上'积善梳'三个字，作为赠品赠给进香朝拜的人。"住持听到感觉非常有道理，立即买下了1000把木梳，并请他小住几天，共同出席了首次赠送"积善梳"的仪式。得到"积善梳"的施主与香客，十分高兴，于是他们互相传颂着这一份美德，前来拜佛的人也就越来越多，寺里的香火也更旺了。除此之外，主持还恳请他帮忙再买一些更多品种的木梳，希望得到不同类型施主的喜欢。

男孩们，试想一下，当听到要把木梳卖给和尚的时候，或许我们也会觉得这是一件荒唐事，可是这种荒唐还是有人能够做到，把"不可能"变成了"可能"，这就是思维的力量。我们总是把梳子看作是梳头发的工具，固然在这一点上根本无法与和尚联系起来。但梳子除了梳头的实用功能外，它还有其他的附加功能，多数人是达不到这一层次思维的，这就是创新思维。在别人认为不可能的地方开发出新的天地，需要激发创新思维潜能，激发大脑正能量。否则，一切条件就算是再有利，也会因为我们缺乏创新力而与我们失之交臂。

1. 充满幻想

幻想对于推动思想的进步有着极大的意义。只有敢于去想，敢于在脑海中绘制那个奇特画面，才能够更好地把你的想法付诸实践。男孩们，你们现在还处于喜欢幻想的阶段，要珍惜自己的这一宝贵财富。幻想是构成创造性想象的准备阶段，今天还在你幻想中的东西，明天就可能出现在你创造性的构思中。

2. 培养创新精神

面对问题，我们不应该总是被束缚在老套的思想里，可以借鉴经验，少走弯路，但是我们也要懂得自己去开创一些新的方法。男孩们，解决问题的方法有很多，不要仅仅局限于那些约定俗成的知识，要敢于发现、探索、创新，那么你的思路才会更加开阔。

心里悄悄话

落后就要挨打，创新才能突破。懂得创新的人不会永远跟在别人的后面走路，那些勇于探索、大胆创新、另辟蹊径而走出属于自己路的人，他们的成功往往叫人惊叹。因此，男孩们大胆一点，发散自己的思维，做一个创新型少年吧！

参考文献

[1] 杨涓子.哈佛男孩心理成长枕边书[M].北京：中央编译出版社，2015.

[2] 沧浪.中国男孩心理成长枕边书[M].北京：中国妇女出版社，2011.

[3] 文轩.心理成长书系：了不起男孩的心理成长枕边书[M].北京：朝华出版社，2012.

[4] 吴绮玲.青春期男孩心理成长枕边书[M].北京：中国纺织出版社，2013.